科创板入门与
操作实务

国际金融报 / 编

许　凯 / 主　编

卫容之　傅光云 / 副主编

Kechuangban Rumen Yu
Caozuo Shiwu

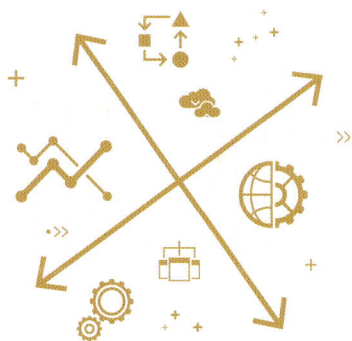

人民出版社

序一

党的十九大报告对金融工作提出一个"深化"、两个"健全"的要求，即"深化金融体制改革，增强金融服务实体经济能力，提高直接融资比重，促进多层次资本市场健康发展。健全货币政策和宏观审慎政策双支柱调控框架，深化利率和汇率市场化改革。健全金融监管体系，守住不发生系统性金融风险的底线"①。

要完成上述"深化""提高""促进""健全""守住"等多层次一系列任务，都离不开"金融创新"。

以"深化金融体制改革"为例。顾名思义，改革就是"破"和"立"，如果说"破"是对现行金融体制中一些不利于实体经济和社会民生发展的因素予以革除，那么"立"就属于"金融制度创新"，要摸索和创新出一些推动金融业健康发展的新制度新办法，往我国金融体制中输入新鲜健康血液。

再以"健全金融监管体系，守住不发生系统性金融风险的底线"为例。众所周知，目前很多金融风险来自使用了新技术（至少是标榜使用了新技术）的新金融领域，那么，监管部门也只能使用新的技术和新的手段予以监控，这就需要进行"金融工具创

---

① 习近平：《决胜全面建成小康社会 夺取新时代中国特色社会主义伟大胜利——在中国共产党第十九次全国代表大会上的报告》，人民出版社2017年版，第34页。

新"。否则，就无法对金融业进行有效监督和管理，更无法守住"不发生系统性金融风险"的底线。

由此可见，金融创新对于我们完成时代赋予的历史使命，对于金融工作乃至全局性工作，都具有重要作用。这也是我们组织力量聚焦"金融创新"，编辑出版"金融创新"系列丛书的初衷。

《国际金融报》是人民日报社主管主办的主流财经媒体，也是正在组建中的"人民日报金融传媒集团"的重要成员之一，又有地处上海国际金融中心的地利，可以近距离感受和观察科创板等一系列重大金融创新台前幕后的故事。《国际金融报》的采编同事在完成繁重报道工作的同时，不辞辛劳，力图将观察家的眼光、记者的笔锋、学者的思考、实操者的感受融为一体，创作出一套"金融创新"丛书，形成一系列关于新金融制度和新金融工具的通识型读本。无论从哪个角度看，这无疑都是值得赞赏的举动。

2019年7月22日科创板首批公司上市并试点注册制，这是我国金融创新的最新范例，一年来中外瞩目成果斐然。我们这套系列丛书的第一个选题聚焦科创板，名为《科创板入门与操作实务》，希望得到读者的喜爱和指正。今后，我们将围绕金融领域的一系列重大创新，一年推出一本甚至几本图书，在宣传我国金融领域改革创新重大成就的同时，也能向机构和个人投资者提供一些必要的新的金融知识和技能，以便金融能更好地为经济发展和社会民生服务。

何　伟

国际金融报社　董事长

序二

在 2018 年 11 月 5 日的首届中国国际进口博览会开幕式上，习近平主席宣布，将在上海证券交易所设立科创板并试点注册制。2019 年 1 月 30 日中国证监会发布《关于在上海证券交易所设立科创板并试点注册制的实施意见》，6 月 13 日科创板在上海证券交易所正式开板，7 月 22 日首批公司上市。

截至 2020 年 7 月 8 日，科创板已经拥有 121 家上市公司，总市值达 2.36 万亿元，相当于每月上市 10 只新股，每月"创造"财富近 2000 亿元。为我国科创企业发展增添了巨大发展助力，同时使我国资本市场更加丰富多彩。展望未来，科创板将发挥愈益重要的作用。

作为《国际金融报》记者，我们的上班地点与上海证券交易所隔街相望，从上海证券交易所里传出的阵阵敲锣声和欢呼声有时也依稀可闻。我们的工作性质则使我们更加关注科创板的一切，喜其所喜，忧其所忧；既客观报道，又充满期待。

看花容易绣花难，我们都低估了这本书的写作难度。我们希望能够既专业地把读者关心的问题讲清楚，又能写得通俗易懂，但实行起来，何其难也。金融知识和业务本身就有较高的认知"门槛"，再加上科创板和注册制又是新生事物，整个金融行业对此都处于摸索之中，有好多问题需要经过实践—认识—再实践—

再认识的过程，才能逐渐清晰起来。我们的团队在工作之余，进行了大量的材料搜集、整理、构思、加工，并进行反复修改，唯其害怕对不起读者。虽然如此，仍免不了有错漏之处，诚请读者予以批评指正。

本书共分为基础篇、投资者篇和企业篇三大部分。在基础篇里，前三章内容分别从科创板概述、科创板与其他板块以及核准制与注册制进行了介绍与分析，既阐述了科创板推出的重大意义，又从微观角度对企业登陆科创板做了一个粗线条的描述。我们侧重于讲清楚历史意义，同时也更具有知识性和实用性，能够给读者更多参考价值。由第四、五、六章组成的第二部分，就更侧重于投资者角度。我们将投资者分为机构投资者与个人投资者，并分别就如何参与以及如何进阶加以描述。考虑到风险防控，我们将投资者教育放在了第六章，提醒投资者应该注意哪些事项。第三部分聚焦企业，分别就企业登陆科创板时，如何避开财务"雷区"，如何避开其他"雷区"以及如何应对舆论压力等方面的问题进行详细介绍，并且举了不少真实的案例，为之后想登陆科创板的企业提供参考和借鉴。

著名金融史家威廉·戈兹曼在其《千年金融史》里不无惋惜地说："借贷是一个伟大的创意，但没人知道究竟是谁提出了它。"如果我们的工作能够为我国金融创新事业留下一些有价值的历史记忆，将是对我们的极大鼓励和奖赏。我们《国际金融报》采编团队将继续做好金融创新的观察者、记录者、呐喊者，为我国金融业的健康发展贡献微薄之力。

徐　冲

国际金融报社　总编辑

目　录

第二部分 投资者篇

第一部分　基础篇

第一章

科创板概述

第一节　定位与意义

2018 年 11 月 5 日，中国国家主席习近平在首届中国国际进口博览会开幕式上宣布设立科创板，并在该板块内试点注册制。从此，"科创板"逐渐成为热词，并为外界所关注。第二天，上海证券交易所（以下简称"上交所"）就对外表示，设立科创板并试点注册制是提升服务科技创新企业能力、增强市场包容性、强化市场功能的一项资本市场重大改革举措。通过发行、交易、退市、投资者适当性、证券公司资本约束等新制度以及引入中长期资金等配套措施，增量试点、循序渐进，新增资金与试点进展同步匹配，力争在科创板实现投融资平衡，一、二级市场平衡，公司的新老股东利益平衡，并促进现有市场形成良好预期。

随后中国证券监督管理委员会（以下简称"中国证监会"）也表示，科创板旨在补齐资本市场服务科技创新的短板，是资本市场的增量改革，将在盈利状况、股权结构等方面作出更为妥善的差异化安排，增强对创新企业的包容性和适应性。

科创板，英文名 Sci-Tech innovation board（STAR Market），在中国一推出就被视为开辟资本市场改革创新的"试验田""中国的纳斯达克"。而且，科创板推进速度之快超乎市场预期，受重视程度可见一斑。

2019 年 1 月 30 日，中国证监会发布《关于在上海证券交易所设立科创板并试点注册制的实施意见》（以下简称《实施意见》）。3 月 1 日，中国证监会发布《科创板首次公开发行股票注册管理办法（试行）》（以下简称《注册管理办法》）和《科创板上市公司持续监管办法（试行）》（以下简称《持续监管办法》）。7 月 22 日，科创板正式开市，首批 25 家科创板企业挂牌上市。8 月 8 日，第二批科创板公司挂牌上市。

同样在 8 月份，为落实科创板上市公司（以下简称"科创公司"）并购重组注册制试点改革要求，建立高效的并购重组制度，规范科创公司并购重组行为，中国证监会发布《科创板上市公司重大资产重组特别规定》。

一、实施意见明确：科创板姓"科"

目前，中国证监会和上交所正在按照《实施意见》要求，有序推进设立科创板并试点注册制各项工作。

设立科创板并试点注册制，是中国证监会深入贯彻习近平新时代中国特色社会主义思想和党的十九大精神，认真落实习近平总书记关于资本市场的一系列重要指示批示精神，按照党中央、国务院决策部署，进一步落实创新驱动发展战略，增强资本市场对提高我国关键核心技术创新能力的服务水平，支持上海国际金融中心和科技创新中心建设，完善资本市场基础制度，坚持稳中求进工作总基调，贯彻新发展理念，深化供给侧结构性改革的重要举措。

《实施意见》强调，在上交所新设科创板，坚持面向世界科技前沿、面向经济主战场、面向国家重大需求，主要服务于符合国家战略、突破关键核心技术、市场认可度高的科技创新企业。重点支持新一代信息技术、高端装备、新材料、新能源、节能环保以及生物医药等高新技术产业和战略性新兴产业，推动互联网、大数据、云计算、人工智能和制造业深度融合，引领中高端消费，推动质量变革、效率变革、动力变革。

《实施意见》指出，科创板根据板块定位和科创企业特点，设置多元包容的上市条件，允许符合科创板定位、尚未盈利或存在累计未弥补亏损的企业在科创板上市，允许符合相关要求的特殊股权结构企业和红筹企业在科创板上市。科创板相应设置投资者适当性要求，防控好各种风险。

二、试点注册制对中国意义更大

相对科创板的设立，注册制的被引入，对中国资本市场具有更为重要的意义。如是资本董事总经理张奥平指出，科创板试点注册制及相关制度的完善代表了我国资本市场正式向成熟资本市场迈进。注册制是更多成熟资本市场所采取的上市制度，如美国、日本等国家的资本市场，其简化了企业上市流程，提高了企业上市效率，也是更加体现市场化的上市制度。注册制打破了A股IPO资源的稀缺性，将有利于提升企业上市后的真实价值发现功能，有利于一、二级市场良性发展、形成闭环。

同样，对企业而言，科创板开创了一条新的通道，为企业和产业发展开辟了一片蓝天。科创板通过在财务指标、产业倾向等方面的差异化安排，优先支持符合市场预期和国家战略的核心技术企业，增强对科技创新企业的包容性，能够为核心技术的不断突破增加新动力。培育、留住国内优秀高新技术企业，吸引国外优秀企业。

受中国资本市场主板上市条件所限，在科创板推出之前，中国一批优质的科技企业和互联网公司因为暂时未达到上市盈利门槛、不愿意低估值发行和牺牲灵活的股权制度，都选择了在海外尤其是美国上市。

中美贸易摩擦更是显示我国民族高新科技亟待崛起。借助资本的力量，实现关键核心技术自主可控，把创新主动权、发展主动权牢牢掌握在自己手中，这就是科创板的初心。而科创板的使命就是重点支持高新技术产业和战略性新兴产业，推动互联网、大数据、云计算、人工智能和制造业深度融合，引领中高端消费，推动质量变革、效率变革、动力变革。

关于注册制，后文有更详细的介绍。

三、资本市场再添一员

从 20 世纪 90 年代发展至今，我国已形成多层次资本市场，由主板、中小板、创业板、新三板和区域性股权交易中心等组成。现今，科创板的设立为我国多层次资本市场又添一员。

从整个中国资本市场层面来看，科创板是一场自上而下的资本制度改革，受重视程度可见一斑，推进速度比十多年前的创业板启动初期快得多。科创板的正式开板，标志着设立科创板并试行注册制重大改革的正式落地。进一步完善了我国多层次资本市场体系，推动了多层次资本市场与科技创新的深度融合。

科创板定位于科技创新型企业，被称为"中国的纳斯达克"，是资本制度的改革创新，本质上起到进一步强化市场配置资源的决定性作用，激活资本市场活力，而资本市场通过资产定价，将智力、技术、资本完美融合在一起，激发出核聚变一样的力量。从一级市场方面来看，科创板及注册制利好坚持长期价值投资型风险投资机构（VC）。科创板有助于提振资本对科技创新型企业的风险偏好。

科创板对内是对我国多层次资本市场体系的重要补充。目前，我国多层次资本市场主要分为主板、中小板、创业板及新三板和区域性股权交易中心。而市场的发展及发行制的同质化，造成了各板块上市企业的同质化，中小板、创业板帮助我国科技创新型新经济企业对接资本市场的发展功能不明显。对外将会与美国的纳斯达克市场竞争科技创新型新经济企业。近年来，众多新经济"独角兽"流失海外，并且投资者无法分享其成长的红利，是中国资本市场最大的痛点之一。

【小贴士】

科创板"硬科技"属性强，截至 2019 年年底，在 70 家科创板上市企业中，通用设备制造业企业 18 家，软件和信息技术服务业 16 家，计算机、通信和其他电子设备制造业企业 13 家，医药制造业 7 家，化学原料及化学制品制造业 4 家，铁路、船舶、航空航天和其他运输设备制造业企业3家。另外，通用设备制造业、仪器仪表制造业、有色金属冶炼和压延加工业、研究和试验发展业、橡胶和塑料制品业、食品制造业、废弃资源综合利用业、非金属矿物制品业、专业技术服务业企业均为1家。

第二节　上市条件

科创板根据板块定位和科创企业特点，优先支持符合国家战略、拥有关键核心技术、科技创新能力突出、具有较强成长性的企业。设置多元包容的上市条件，允许符合科创板定位、尚未盈利或存在累计未弥补亏损的企业在科创板上市，允许符合相关要求的特殊股权结构企业和红筹企业在科创板上市。

目前要满足在A股上市，持续盈利是必要条件，亏损企业则毫无路径。相比之下，科创板的上市条件更宽容，范围更广。科创板按照市值范围相应配备了5套上市条件，以满足和适应不同模式、不同发展阶段的科创企业，充分照顾到成长性强但尚未具备盈利能力的企业。排除掉对企业盈利的硬性指标后，国内一大批优质的科技创新型公司有机会登陆科创板，进行直接融资，极大程度上补足了创业板的短板。

科创板的推出是落实创新驱动的科技强国战略的重要举措，相关投资资金将服务于国家战略，对我国本土资本市场的发展具有重大意义。可以预见，此后更多的优质科技企业将会选择在国内上市，而非美国的纳斯达克。既降低了上市门槛，又符合国家战略，再加上政府大力扶持，科创板在相当长一段时间里，都将是资本市场瞩目的焦点。

无论是潜在的优质企业，还是金融机构，抑或是个人投资者，都面临着罕见且巨大的机遇。谁能在时机到来之前做足准备，无疑就能在这场资本盛宴中占得先机。

一、定性：硬科技企业

科创板姓"科"，"硬科技"倾向明显。

在首批 25 家科创板上市企业中，计算机、通信和其他电子设备制造业企业为 9 家，专用设备制造业企业为 8 家，铁路、船舶、航空航天和其他运输设备制造业企业为 3 家，软件和信息技术服务业企业为 2 家，通用设备制造业、仪器仪表制造业、有色金属冶炼和压延加工业企业均为 1 家，医药制造业暂无。

据广证恒生数据，截至 2019 年 8 月 4 日，科创板申报企业数量已达 149 家，其中包括 8 家未盈利的科创板企业。从行业分布情况看，未盈利科创板申报企业集中分布于高端装备和生物医药行业。在这 8 家未盈利企业中，有 4 家属于智能制造装备产业，2 家属于生物医药行业，各有 1 家分属先进无机非金属材料产业和电子核心产业。从企业选择的上市标准来看，选择标准 4 进行申报的企业数量最多。从上市标准来看，有 3 家未盈利企业选择标准 4 进行申报，选择标准 2 和标准 5 的企业各有 2 家，处于中止状态的九号智能选择的是红筹股上市标准 2。其中，选择上市标准 5

的企业仅有泽璟制药、百奥泰，二者均为创新药企业。[①]

2020年3月27日，上交所制定并发布《上海证券交易所科创板企业发行上市申报及推荐暂行规定》（以下简称《规定》）的通知。2019年3月3日发布的《上海证券交易所科创板企业上市推荐指引》同时废止。

此前，中国证监会发布《科创属性评价指引（试行）》（以下简称《指引》），提出了科创属性具体的评价指标体系，明确了具有科创属性企业的内涵和外延，同时规定支持和鼓励符合科创属性评价标准的企业申报科创板。

此次上交所发布的《规定》，细化了科创板服务的行业范围，充分体现了科创板服务高新技术产业和战略性新兴产业的包容性；将科创属性指标评价体系与科创板定位把握相对应。在此基础上，精简优化了科创板定位把握中有关自我评估、核查把关、审核问询的程序和要求。

《规定》指出，申报科创板发行上市的发行人，应当属于下列行业领域的高新技术产业和战略性新兴产业：

（一）新一代信息技术领域，主要包括半导体和集成电路、电子信息、下一代信息网络、人工智能、大数据、云计算、软件、互联网、物联网和智能硬件等；

（二）高端装备领域，主要包括智能制造、航空航天、先进轨道交通、海洋工程装备及相关服务等；

（三）新材料领域，主要包括先进钢铁材料、先进有色金属材料、先进石化化工新材料、先进无机非金属材料、高性能复合材

---

① 关于科创板企业的上市标准将在后文具体描述。

料、前沿新材料及相关服务等；

（四）新能源领域，主要包括先进核电、大型风电、高效光电光热、高效储能及相关服务等；

（五）节能环保领域，主要包括高效节能产品及设备、先进环保技术装备、先进环保产品、资源循环利用、新能源汽车整车、新能源汽车关键零部件、动力电池及相关服务等；

（六）生物医药领域，主要包括生物制品、高端化学药、高端医疗设备与器械及相关服务等；

（七）符合科创板定位的其他领域。

《规定》还指出，科创属性同时符合下列 3 项指标的发行人，支持和鼓励其按照《指引》的规定申报科创板发行上市：

（一）最近 3 年累计研发投入占最近 3 年累计营业收入比例 5%以上，或者最近 3 年研发投入金额累计在 6000 万元以上；其中，软件企业最近 3 年累计研发投入占最近 3 年累计营业收入比例 10%以上。

（二）形成主营业务收入的发明专利（含国防专利）5 项以上，软件企业除外。

（三）最近 3 年营业收入复合增长率达到20%，或者最近一年营业收入金额达到 3 亿元。采用《审核规则》第二十二条第二款第（五）项上市标准申报科创板发行上市的发行人除外。

如果不能同时满足 3 项常规指标，具备下列情形之一，科技创新能力突出的发行人，不受前条规定的科创属性指标的限制，支持和鼓励其按照《指引》的规定申报科创板发行上市：

（一）拥有的核心技术经国家主管部门认定具有国际领先、引领作用或者对于国家战略具有重大意义；

（二）作为主要参与单位或者核心技术人员作为主要参与人员，获得国家自然科学奖、国家科技进步奖、国家技术发明奖，并将相关技术运用于主营业务；

（三）独立或者牵头承担与主营业务和核心技术相关的"国家重大科技专项"项目；

（四）依靠核心技术形成的主要产品（服务），属于国家鼓励、支持和推动的关键设备、关键产品、关键零部件、关键材料等，并实现了进口替代；

（五）形成核心技术和主营业务收入相关的发明专利（含国防专利）合计 50 项以上。

二、定量：市值和财务指标

根据《上海证券交易所科创板股票上市规则》的相关规定，科创板企业上市标准如下。

（一）5 套上市标准

发行人申请在本所科创板上市，市值及财务指标应当至少符合下列标准中的一项：

1. 预计市值不低于人民币 10 亿元，最近两年净利润均为正且累计净利润不低于人民币 5000 万元，或者预计市值不低于人民币 10 亿元，最近一年净利润为正且营业收入不低于人民币 1 亿元。

2. 预计市值不低于人民币 15 亿元，最近一年营业收入不低于人民币 2 亿元，且最近三年累计研发投入占最近三年累计营业收入的比例不低于 15%。

3. 预计市值不低于人民币 20 亿元，最近一年营业收入不低于人民币 3 亿元，且最近三年经营活动产生的现金流量净额累计不低于人民币 1 亿元。

4. 预计市值不低于人民币 30 亿元，且最近一年营业收入不低于人民币 3 亿元。

5. 预计市值不低于人民币 40 亿元，主要业务或产品需经国家有关部门批准，市场空间大，目前已取得阶段性成果。医药行业企业需至少有一项核心产品获准开展二期临床试验，其他符合科创板定位的企业需具备明显的技术优势并满足相应条件。

科创板上市标准和条件相对宽容，从提出概念到规则出台，科创板最吸引市场关注的便是上市标准和条件。简单概括：以市值为基础，提供多样化的标准，不以持续盈利为唯一指标。具体细则如图 1-1 所示。

科创板首批 25 家上市企业中，有 20 家公司满足"市值+净利润"的上市标准（标准 1），即已具备一定的盈利能力。

（二）额外 4 套标准

除了 5 套上市标准外，还有额外 4 套标准，分别是针对红筹企业和存在表决权差异安排的企业，形成了"5+2+2"共 9 套标准。

符合《国务院办公厅转发证监会关于开展创新企业境内发行股票或存托凭证试点若干意见的通知》（国办发〔2018〕21 号）相关规定的红筹企业，可以申请发行股票或存托凭证并在科创板上市。营业收入快速增长，拥有自主研发、国际领先技术，同行业竞争中处于相对优势地位的尚未在境外上市红筹企业，申请在科创板上市的，市值及财务指标应当至少符合下列标准之一：

1. 预计市值不低于人民币 100 亿元；

2. 预计市值不低于人民币 50 亿元，且最近一年营业收入不低

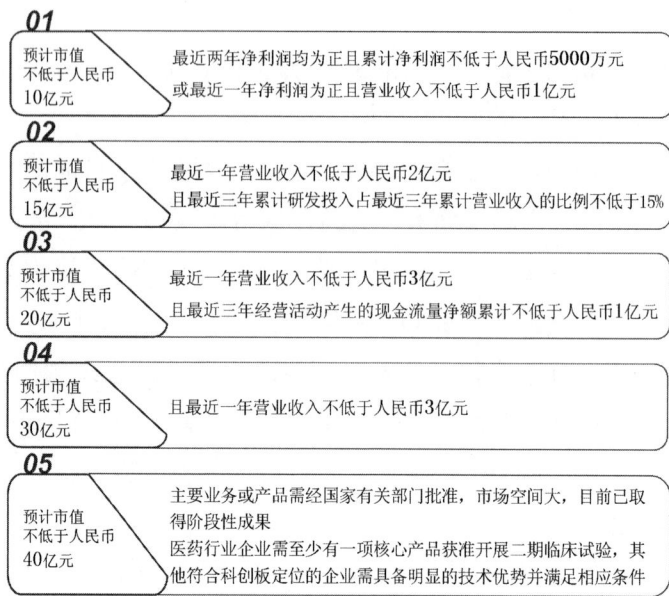

图 1-1 科创板上市标准和条件

资料来源：《上海证券交易所科创板股票上市规则》

于人民币 5 亿元。

发行人具有表决权差异安排[①]的，市值及财务指标应当至少符合下列标准中的一项：

1. 预计市值不低于人民币 100 亿元；

2. 预计市值不低于人民币 50 亿元，且最近一年营业收入不低

[①] 指发行人依照《公司法》第一百三十一条的规定，在一般规定的普通股份之外，发行拥有特别表决权的股份。每一特别表决权数量，其他股东权利与普通股份相同。

于人民币 5 亿元。

发行人特别表决权的持有人资格、公司章程关于表决权差异安排的具体规定，应当符合本规则第四章第五节的规定。

从财务情况看，上述 8 家未盈利企业的收入体量大于科创板全体已受理企业的水平。2018 年营业收入平均值和中位数分别为 15.57 亿元和 10.10 亿元，略高于全体科创板企业（12.96 亿元和 4.32 亿元）。归母净利润平均值和中位数分别为 -3.44 亿元和 -0.04 亿元，归母扣非净利润的平均值和中位数分别为 -0.72 亿元和 -1.22 亿元。从预计估值情况看，8 家未盈利企业预计发行后总市值平均值和中位数分别为 119.70 亿元和 97.68 亿元，高于科创板全体已受理企业的水平。其中和舰芯片估值最高，达 250 亿元，九号智能和百奥泰两家企业亏损情况虽不容乐观，但预计估值仍保持较高的水平，分别为 207.7 亿元和 200 亿元。

【小贴士】

上市审核标准多样，条件放宽，更加关注企业成长价值，体现了科创板的科创性以及包容性。对于企业而言，有机会通过上市融资获得发展；对于一级市场创投机构而言，有利于为其所投资项目提供退出渠道，缓解退出"堰塞湖"困境，促进行业良性发展；对于二级市场券商投行机构而言，原本在"核准制"下，投行把控企业更多是从财务方面审核，投行呈现出承做偏流程化、发行通道化特点；而在科创板及"注册制"下，投行的承做能力、营销能力、风控能力、研究能力以及资本实力等各方面均面临挑战，不得不提高行业认知和应对理念。

第三节　注册方式与市场化定价机制

一、中国的纳斯达克

回顾纳斯达克发展历程，纳斯达克创立于 1971 年，针对那些无法登陆纽约证券交易所（以下简称"纽交所"）的中小企业。只要企业存活了 12 个月以上，就可以挂牌上市。纳斯达克的造富神话让人瞠目结舌。截至 2018 年年底，纳斯达克交易所的市值规模约 9.76 万亿美元，占到全世界同类市场的近 90%，是全球当仁不让的第一大科创类市场。

事实上，纳斯达克成立之初的十几年里一直处于默默无闻的状态，多数上市公司还是想去纽交所。1980 年，苹果公司在纳斯达克上市。1997 年，亚马逊公司在纳斯达克上市。1982 年，纳斯达克设置了内部分层市场，建立了不同的上市标准。这种灵活的上市标准成为纳斯达克吸引优质企业的制度基础。除了纳斯达克自身的包容性灵活性制度特点，还得益于时代环境，微软、苹果、亚马逊等几家"明星公司"的市值就在纳斯达克总市值中占了一大半。全世界先后出现过共 70 多个科创性质的交易市场，其中近一半以失败告终。除了灵活多样的机制外，生逢其时的经济发展阶段下，持续不断的优质上市资源、理性智慧的市场参与者，以及市场化法制化的运营规则，都是科创板成功的必要保证。

科创板被称为"中国的纳斯达克"，是中国资本制度改革创新的"试验田",包容性和市场化是其主要特点。

（一）包容性

《关于在上海证券交易所设立科创板并试点注册制的实施意见》指出，要制定更具包容性的科创板上市条件。更加注重企业科技创新能力，允许符合科创板定位、尚未盈利或存在累计未弥补亏损的企业在科创板上市。综合考虑预计市值、收入、净利润、研发投入、现金流等因素，设置多元包容的上市条件。另外还指出，允许特殊股权结构企业和红筹企业上市。

具体来说，《注册管理办法》科创板股票公开发行条件的设定充分体现了以信息披露为中心的注册制改革理念，精简优化现行发行条件，同时突出重大性原则并强调风险防控。《注册管理办法》取消了现行发行条件中关于盈利业绩、不存在未弥补亏损、无形资产占比限制等方面的要求，规定申请首发上市应当满足以下四方面的基本条件：一是组织机构健全，持续经营满3年；二是会计基础工作规范，内控制度健全有效；三是业务完整并具有直接面向市场独立持续经营的能力；四是生产经营合法合规，相关主体不存在《注册管理办法》规定的违法违规记录。

科创板注册制下的5套上市标准弱化了对企业利润的考核、财务指标要求，允许尚未盈利的企业上市，上市条件更加多元化。

（二）市场化

采取市场化的询价定价方式，所以，如何在理性市场的状态下满足上市市值要求是企业进行科创板IPO的核心。

而如何才能具备支撑科创板上市市值标准的核心价值？对于通过注册制上市的企业而言，在上市前需不断"修炼内功"，提升自身的真实价值，获得市场上机构投资者的认可，而不是仅仅停留在满足此前核准制下监管机构所要求的财务指标。

发行定价更为市场化，提高主承销商的话语权和责任。科创板的询价对象限定在 7 类专业机构中，设置同一网下投资者报价区间，并剔除最高报价，防止投资者报高价以博取入围。首次公开发行股票应当向证券公司、基金管理公司、信托公司、财务公司、保险公司、合格境外机构投资者和私募基金管理人等专业机构投资者（以下统称"网下投资者"）以询价的方式确定股票发行价格。同时，提升了主承销商的话语权和责任。在美股发行定价中，承销商居于核心地位。科创板对此采取借鉴，规定保荐机构需要用自有资金对新股以发行价进行认购，且只能被动接受价格，认购比例为 2%—5%，锁定期为两年。让保荐机构发挥对发行定价的约束作用，防止保荐机构一味追求高发行价。

根据首批 25 家科创板上市企业已经发布的网下配售信息，保荐机构跟投数量占网下发行数量比例的中位数为 75，超过规定的认购比例。

市场化的定价是确保科创板吸引优秀企业上市的制度保障。对于上市企业而言，最在乎的是其融资的性价比。因此，更高的发行价是其主要考虑的因素，越高的发行价意味着在发行同样的股份数量（稀释同样的股权）下能够融到更多的钱；但太高的发行价会损害投资者的利益。因此，市场化的定价机制会成为科创板吸引优秀企业的优势，但这也需要提高投资者和金融机构的专业水平，使得市场化的定价更加有效。

对于进入二级市场的投资者来说，能不能赚到钱是其关注的重点。市场上对此有两种比较偏激的声音：一是科创板是国家重大战略部署，具有绝对的、极高的投资价值；二是质疑科创板上市企业质地不好，发行价太高。不少业内人士表示，科创板首批25家企业平均发行市盈率达49倍，已经算是较高的。不过，在市场化机制下，科创板企业会呈现"分化"趋势，长期来看，对于真正具有科技属性和良好基本面支撑的科创板企业，有望成为几千万元市值的"黑马"企业，对于部分优秀企业来说，后期实力能够"覆盖"这个市盈率；而部分"伪科技"企业或将被淘汰，难以支撑起如此高的市盈率。而随着科创板企业分化趋势的逐渐显现，背后投资者的回报收益也会发生分化。

另外，盲目"打新"并不可取。在不设置涨跌幅限制下，科创板上市公司上市首周有的涨幅很大。截至2019年7月26日收盘，科创板首批25家企业股价较发行价均实现上涨，平均涨幅约140%。以收盘价计算，首批25家公司平均市盈率约为120倍。过去"打新"存在比较稳定的套利空间，一方面是因为发行市盈率受到限制，即存在23倍市盈率的"天花板"，企业上市交易存在向市场估值水平修复的需求；但是科创板是市场化定价，科创板将压缩一、二级市场的估值溢价，套利空间不再。另一方面，新股上市交易流通盘很小，容易被炒作。但是在科创板推出后，随着注册制推进，新股越来越不再稀缺，投资思维发生较大的变化。

市场化作用下，企业表现呈现分化现象。对创投、券商等机构也将产生分化。在核准制下，一级市场资本因一、二级市场差价存在利润空间，尤为青睐IPO退出方式，二级市场券商投行重保荐能力，轻承销能力与企业真实价值判断能力；在注册制作为核心上市制度之下，一级市场资本因一、二级市场差价压缩，无法投机套利，IPO退出获取的回报收益不确定性加大；二级市场券商投行不再仅仅为企业保荐上市，而是要求能为科创板拟上市企业进行合理估值定价，并且要求保荐券商跟投，这将考验券商投行对企业的价值判断及承销能力。

对理财顾问（FA）、律师等中介服务者而言，专业门槛也加大了。这要求其需要具有对科创板拟上市企业的价值判断能力，通过长期服务此类企业，伴随着此类企业的价值成长而实现自身收益。

二、发行审核制度

《关于在上海证券交易所设立科创板并试点注册制的实施意见》明确提出，在科创板试点注册制，上交所负责科创板发行上市审核，中国证监会负责科创板股票发行注册，发审权下放至上交所。

除此以外，中国证监会明确了科创板试点注册制工作，将在五个方面完善资本市场基础制度：一是构建科创板股票市场化发行承销机制；二是进一步强化信息披露监管；三是基于科创板上市公司特点和投资者适当性要求，建立更加市场化的交易机制；四是建立更加高效的并购重组机制；五是严格实施退市制度。

从上述五个方面可看出，第一，发行承销机制将向成熟资本市场（美股、港股）机制靠拢，新股发行价格不做限制，更加市场化，投行的承销及估值定价能力将更为重要。第二，强化了新股发行上市事中事后的监管，强化信息披露监管、严格退市制度与投资者适当性要求，这是因为处于快速成长期的科技创新型企业商业模式较新、业绩波动可能较大、经营风险较高，需要对企业做好监管、风险防控的同时，防范投资者风险。第三，并购重组的效率将会有显著提升。

根据中国证监会于 2019 年 3 月 1 日发布的《注册管理办法》，科创板试点的注册制审核重点分为两个环节：一是上交所进行发行、上市、信息披露的全面审核；二是中国证监会对企业发行上市进行注册。

完成注册制上市的七个步骤如下。

第一步：发行人董事会应当依法就股票发行的具体方案、本次募集资金使用的可行性及其他必须明确的事项作出决议，并提请股东大会批准。

第二步：发行人申请首次公开发行股票并在科创板上市，应当按照中国证监会有关规定制作注册申请文件，由保荐人保荐并向交易所申报。交易所收到注册申请文件后，5 个工作日内作出是否受理的决定。

第三步：交易所接受申报后，主要通过向发行人提出审核问询、发行人回答问题方式开展审核工作，基于科创板定位，判断发行人是否符合发行条件、上市条件和信息披露要求。

第四步：交易所应当自受理注册申请文件之日起 3 个月内形成审核意见。同意发行人股票公开发行并上市的，将审核意见、发行人注册申请文件及相关审核资料报送中国证监会履行发行注册程序。不同意发行人股票公开发行并上市的，作出终止发行上市审核决定。

第五步：中国证监会收到交易所报送的审核意见、发行人注册申请文件及相关审核资料后，履行发行注册程序。发行注册主要关注交易所发行上市审核内容有无遗漏，审核程序是否符合规定，以及发行人在发行条件和信息披露要求的重大方面是否符合相关规定。中国证监会认为存在需要进一步说明或者落实事项的，可以要求交易所进一步问询。

第六步：中国证监会在 20 个工作日内对发行人的注册申请作出同意注册或者不予注册的决定。

第七步：中国证监会同意注册的决定自作出之日起 1 年内有效，发行人应当在注册决定有效期内发行股票，发行时点由发行人自主选择。

注册制的推出也打破了 A 股 IPO 资源的稀缺性，将有利于提升企业上市后的真实价值发现功能，有利于创投市场良性发展、形成闭环。一级市场项目通过注册制实现科创板 IPO 后，不会再因 IPO 资源的稀缺性而产生一级市场与二级市场的价差套利空间，其要求更多的一级股权投资机构真正回归到价值投资的主线。科创板注册制的推出及完善也将逐步倒逼 A 股其他板块上市制度的改革。自 2020 年 6 月 15 日，深交所开始受理创业板在审企业的首次公开发行股票、再融资、并购重组申请，创业板注册制改革落地。2020 年 6 月 22 日，在创业板改革并试点注册制实施后的第二周，首批受理分单正式产生，共有 32 家公司。

三、定价机制

原有 IPO 定价机制下设置了 23 倍市盈率红线，即我国新股定价要受发行价格不超过 23 倍市盈率的限制，定价效率低，存在定价不合理、IPO 溢价率过高、"打新"的问题。

科创板是市场化的询价机制，提高了定价效率。科创板允许非盈利企业上市，打破了 23 倍市盈率规则。规定首次公开发行股票应向券商、信托、基金公司等 7 类机构投资者询价，发行人和主承销商可通过初步询价确定价格，或在初步询价确定价格区间后通过累计投标询价确定发行价格。市场化的询价机制可以降低发行人和投资者之间的信息不对称程度，有助于发掘市场对发行股票的真实需求，提高了定价的合理性和定价效率。

发行承销制度是科创板股票发行中十分关键的基础性制度。构建市场化发行承销制度是科创板建设的现实要求，受市场参与各方高度关注。

根据 2019 年 3 月 1 日出台的《上海证券交易所科创板股票发行与承销实施办法》，网下投资者应当向中国证券业协会注册，接受中国证券业协会自律管理。发行人和主承销商可以根据本所和中国证券业协会相关自律规则的规定，在前款所指的网下投资者范围内设置其他条件，并在发行公告中预先披露。

首次公开发行股票可以向战略投资者配售。首次公开发行股票数量在 1 亿股以上的，战略投资者获得配售的股票总量原则上不得超过本次公开发行股票数量的 30%，超过的应当在发行方案中充分说明理由。首次公开发行股票数量不足 1 亿股的，战略投资者获得配售的股票总量不得超过本次公开发行股票数量的 20%。战略投资者参与股票配售应当使用自有资金，不得接受他人委托或者委托他人参与，但依法设立并符合特定投资目的的证券投资基金等主体除外。战略投资者应当承诺获得本次配售的股票持有期限不少于 12 个月，持有期自本次公开发行的股票上市之日起计算。

发行人的高级管理人员与核心员工可以设立专项资产管理计划参与本次发行战略配售。前述专项资产管理计划获配的股票数量不得超过首次公开发行股票数量的 10%，且应当承诺获得本次配售的股票持有期限不少于 12 个月。承销商应当向通过战略配售、网下配售获配股票的投资者收取不低于获配应缴款一定比例的新股配售经纪佣金，承销商因承担发行人保荐业务获配股票或者履行包销义务取得股票的除外。

科创板试行保荐机构相关子公司跟投制度。发行人的保荐机构依法设立的相关子公司或者实际控制该保荐机构的证券公司依法设立的其他相关子公司，参与本次发行战略配售，并对获配股份设定限售期。

《上海证券交易所科创板股票发行与承销业务指引》指出，参与配售的保荐机构相关子公司应当事先与发行人签署配售协议，承诺按照股票发行价格认购发行人首次公开发行股票数量 2% 至 5% 的股票，具体比例根据发行人首次公开发行股票的规模分档确定：

（一）发行规模不足 10 亿元的，跟投比例为 5%，但不超过人民币 4000 万元；

（二）发行规模 10 亿元以上、不足 20 亿元的，跟投比例为 4%，但不超过人民币 6000 万元；

（三）发行规模 20 亿元以上、不足 50 亿元的，跟投比例为 3%，但不超过人民币 1 亿元；

（四）发行规模 50 亿元以上的，跟投比例为 2%，但不超过人民币 10 亿元。

参与配售的保荐机构相关子公司应当承诺获得本次配售的股票持有期限为自发行人首次公开发行并上市之日起 24 个月。

上交所表示，目前管理层的总的思路是，新股发行价格、规模、节奏等，坚持市场导向，主要通过市场化方式决定，同时强化市场有效约束。基于这一考虑，交易所相关业务规则就下列事项，集中作出差异化安排。

第一，建立以机构投资者为参与主体的市场化询价、定价和配售机制。一是面向专业机构投资者询价定价。考虑到科创板对投资者的投资经验、风险承受能力要求更高，取消了直接定价方式，全面采用市场化的询价定价方式。将首次公开发行询价对象限定在证券公司、基金公司等7类专业机构，并允许这些机构为其管理的不同配售对象填报不超过3档的拟申购价格。定价完成后，如发行人总市值无法满足其在招股说明书中选择的上市标准，将中止发行。二是强化网下报价的信息披露和风险揭示，促进价格充分发现。三是提高网下发行配售数量占比。四是降低网上投资者申购单位。

第二，鼓励战略投资者和发行人高管、核心员工参与新股发售。一是放宽战略配售的实施条件，允许首次公开发行股票数量在1亿股以上的发行人进行战略配售。不足1亿股、战略投资者获得配售股票总量不超过首次公开发行股票数量20%的，也可以进行战略配售。二是允许发行人高管与员工通过专项资产管理计划，参与发行人股票战略配售。要求发行人在招股说明书中，对高管、核心员工参与配售情况进行充分信息披露。上市后减持战略配售股份应当按规定进行预披露，以强化市场约束。根据境内外实践经验，向战略投资者配售这一安排，在引入市场稳定增量资金、帮助发行人成功发行等方面富有实效。建立发行人高管与核心员工认购机制，有利于向市场投资者传递正面信号。

第三，进一步发挥券商在发行承销中的作用。增强保荐机构的资本约束，强化其履职担责。

此外，为了保障科创板股票发行与承销工作平稳有序，上交所将设立科创板股票公开发行自律委员会，以发挥行业自律作用，引导形成良好稳定预期。

【小贴士】

市场化询价是科创板的创新方式，主办券商出具投资价值分析报告以供参考。另外，"保荐+跟投"机制使得券商投行业务从通道式保荐承销变为持续性市值管理模式。如果发行定价偏高，又在跟投之后遭遇破发，意味着跟投券商面临亏损。从发行人的角度，希望定价尽可能高，但是从券商角度来看，希望发行价定在一个合理范围内。因此，如何定价其实也是一个慢慢摸索的过程。对于券商投行而言，协调好研究、投资等相关部门之间的利益很重要，对发行人的成长性和定价的公允性要有独立的判断。

第四节　监督管理制度

任何成熟健康的资本市场，都必须是一个"有进有出"的市场。科创板实行市场化的注册制，故而匹配了更加具有针对性的信息披露制度、更加严格的退市制度，为科创板的良性持续发展保驾护航。

包容性和市场化之下，科创板也离不开政府发挥"有形的手"。这需要监管制度不断完善，监管机构仍要"有所作为"。科创板不应该重蹈当年创业板的覆辙，要改变原有资本市场的一些不够好的地方。如实行市场化严格的退市制度，避免科创板出现"鱼龙混杂"的现象。在以注册制作为核心上市制度的背景下，任何成熟、健康的资本市场，必须是一个有进有出的市场。

科创板备受期待，各方争先恐后，在推进过程中也出现过"急功近利"事件。中金公司两位保荐代表人违规改动招股说明书、审核问询函等注册申请相关文件，被中国证监会和上交所分别开出罚单。因此，科创板必须执行严格审批、退市等制度，惩戒投机分子，杜绝资本赌徒风气，从而将科创板坚持推行下去。

2019年7月31日晚间，陆续有科创板受理企业项目动态变更为"中止"，且数量迅速攀升。不包含此前已经中止的5家企业，新增中止企业数量达到80家，这也给市场带来了短暂的恐慌。对此，上交所第一时间发布公告解释原因：系由补充财报中止审核。据市场人士解读，此举有利于已披露一季报数据的项目进度提前。

而后，本打算登陆科创板的4家企业，或因技术先进性不足，或因关联交易不明，或因财务规范性存疑，抑或因内控有效性失灵，在问询式审核的全方位透视下，相关企业暴露出的种种"病灶"令其与科创板彻底隔离，放弃在科创板上市。层层递进的审核问询犹如一把无形的利剑，在科创板的入口处对浑水摸鱼者形成威慑力。

一、信息审批

企业信息披露要求将更为全面，信息审批将成为审核重点。全面的信息披露制度无疑是注册制的核心配套制度。当前，科创板总体沿用了现行信息披露的基本规范，但同时，也针对科创板上市企业特点进行了差异化的制度安排：其一，重点关注尚未盈利企业的信息披露；其二，强化企业股权质押、关联交易等的披露要求。

因尚未盈利企业的商业模式并未被市场所验证，存在较大的风险，因此，对该部分企业进行差异化的信息披露要求则会有效降低市场风险。例如，对尚未盈利的科创公司，要求披露尚未盈利的成因，以及对公司现金流、业务拓展、人才吸引、团队稳定性、研发投入、战略性投入、生产经营可持续性等方面的影响就是出于此种考虑。

2019年8月1日，上交所科创板上市审核中心向券商下发《关于切实提高招股说明书（申报稿）质量和问询回复质量相关注意事项的通知》，特别提到披露核心技术时需披露主要产品或服务的核心技术来源；在披露核心技术或市场地位使用"领先""先进"等定性描述时需提供客观依据等要求，显示出注册制下对于企业核心技术、核心价值的披露要求更加严格、细化，难以做到的企业最终将很难实现上市。关于业务与技术的要求如下。

（一）请发行人披露业务与技术时，结合公司收入构成、客户及供应商、市场地位等，使用浅显易懂的语言，客观准确、实事求是地描述发行人的经营模式及盈利模式，不得使用市场推广的宣传用语或夸大其词的描述，避免使用艰深晦涩、生僻难懂的专业术语。

（二）披露核心技术时，请披露主要产品或服务的核心技术来源。

（三）披露知识产权时，请披露与发行人主营业务的关系、是否共有、是否受让取得等。披露重大获奖、承担重大科研专项、参与标准制定情况的，请披露与发行人主营业务的关系、发行人或相关人员在其中所起的作用、排名情况等。

（四）披露核心技术或市场地位使用"领先""先进"等定性描述的，请提供客观依据。

（五）选择可比公司时，如果主营业务、产品、经营规模等与发行人差异较大，请说明选择理由。

二、减持规定

根据《上海证券交易所科创板股票上市规则》第二章第四节，公司上市时未盈利的，在公司实现盈利前，控股股东、实际控制人自公司股票上市之日起 3 个完整会计年度内，不得减持首发前股份；自公司股票上市之日起第 4 个会计年度和第 5 个会计年度内，每年减持的首发前股份不得超过公司股份总数的 2%，并应当符合《上海证券交易所上市公司股东及董事、监事、高级管理人员减持股份实施细则》关于减持股份的相关规定。

公司上市时未盈利的，在公司实现盈利前，董事、监事、高级管理人员及核心技术人员自公司股票上市之日起 3 个完整会计年度内，不得减持首发前股份；在前述期间内离职的，应当继续遵守本款规定。

公司实现盈利后，前两款规定的股东可以自当年年度报告披露后次日起减持首发前股份，但应当遵守本节其他规定。

上市公司控股股东、实际控制人减持本公司首发前股份的，应当遵守下列规定：

（一）自公司股票上市之日起 36 个月内，不得转让或者委托他人管理其直接和间接持有的首发前股份，也不得提议由上市公司回购该部分股份；

（二）法律法规、本规则以及本所业务规则对控股股东、实际控制人股份转让的其他规定。

转让双方存在控制关系或者受同一实际控制人控制的，自发行人股票上市之日起 12 个月后，可豁免遵守本条第一款规定。

上市公司核心技术人员减持本公司首发前股份的，应当遵守下列规定：

（一）自公司股票上市之日起 12 个月内和离职后 6 个月内不得转让本公司首发前股份；

（二）自所持首发前股份限售期满之日起 4 年内，每年转让的首发前股份不得超过上市时所持公司首发前股份总数的 25%，减持比例可以累积使用；

（三）法律法规、本规则以及本所业务规则对核心技术人员股份转让的其他规定。发行人向本所申请其股票首次公开发行并上市时，控股股东、实际控制人应当承诺遵守前款规定。

发行人上市前及上市后的锁定期内，员工所持相关权益拟转让退出的，只能向员工持股计划内员工或其他符合条件的员工转让。

首次公开发行股票可以向战略投资者配售。战略投资者应当承诺获得本次配售的股票持有期限不少于 12 个月，持有期自本次公开发行的股票上市之日起计算。战略投资者配售获得的科创板股票、存托凭证，在承诺持有期内可以按规定参与转融通证券出借。

针对"突击入股"型股东。申报前 6 个月内进行增资扩股的，新增股份的持有人应当承诺：新增股份自发行人完成增资扩股工商变更登记手续之日起锁定 3 年。

对于发行人没有或难以认定实际控制人的，为确保发行人股权结构稳定、正常生产经营不因发行人控制权发生变化而受到影响，要求发行人的股东按持股比例从高到低依次承诺其所持股份自上市之日起锁定 36 个月，直至锁定股份的总数不低于发行前 A 股股份总数的 51%。

三、退市制度

科创板必须建立严格的退市制度，这既是注册制下"宽进严出"的需求，也符合科创板企业高淘汰率的发展规律。

《持续监管办法》严格执行退市制度，在退市标准方面，坚持重大违法科创板上市公司退市，丰富交易类和规范类退市指标，优化财务类退市指标。具体包括：明确科创板公司不适用单一的连续亏损退市指标，授权交易所制定能够反映公司持续盈利能力的组合退市指标；授权交易所在现有交易类退市指标基础上增加市值类退市指标；规定严重扰乱市场秩序、严重损害投资者权益且在规定期限内未改正的，交易所可以终止其股票上市。程序方面，科创板不再设置暂停上市、恢复上市和重新上市环节，退市程序更为简明、清晰。

根据《上海证券交易所科创板股票上市规则》，科创板将实施更严格的退市制度，上市公司可能退市的情形主要包括：

一是重大违法强制退市，包括信息披露重大违法和公共安全重大违法行为。

二是交易类强制退市，包括累计股票成交量低于一定指标，股票收盘价、市值、股东数量持续低于一定指标等。

三是财务类强制退市，即明显丧失持续经营能力的，包括主营业务大部分停滞或者规模极低，经营资产大幅减少导致无法维持日常经营等。

四是规范类强制退市，包括公司在信息披露、定期报告发布、公司股本总额或股权分布发生变化等方面触及相关合规性指标等。

A股主板被广泛诟病的退市制度不严格造成无法实现上市公司优胜劣汰的问题在科创板有望得到解决。1990年，上交所成立，直到2001年，A股市场才第一次发布完整而具体的退市标准，如连续两年亏损戴上ST的帽子；连续三年亏损，则暂停上市；连续四年亏损，则终止上市。单一的退市标准，让一些公司找到了可乘之机，即便长期亏损，仍可以采用各种方式回避退市标准。一些上市公司为了"保壳"卖地、卖房、卖画，绞尽脑汁规避退市。正由于A股市场存在这样的公司，使得整体市盈率中位数偏高，如果"壳"不再成为资源，失去了价值之后，那些估值水平偏高的企业可能会面临下调的压力。只有实施正常的上市和退市，资本市场配置资源的功能才能有效实现。在北京理工大学管理与经济学院副教授张永冀看来，自2001年退市制度建立以来，沪深交易所年均退市率依旧不足0.35%，主动退市更是少之又少，远不能保障A股进出平衡。反观国外证券交易所，纽交所年均退市率为6%，约50%是主动退市；纳斯达克年均退市率为8%，主动退市率占近2/3；A股市场则大多是被动退市，极少有主动退市的情况。

科创板退市制度与美股相近，更加遵循"退市从严"理念，将A股退市制度推入新阶段。例如，科创板的退市制度取消了暂停上市与恢复上市的退市程序。因此，一家企业从被实施风险到最终退市的市场时间从目前主板、中小板、创业板需要的 4 年时间缩短至 2 年。此外，科创板退市制度的亮点还包括：第一，构建了财务类组合指标，引入扣非净利润以避免业绩粉饰；第二，新增"明显丧失持续经营能力"定性标准，"空心化"企业将被直接退市；第三，新增针对研发型企业退市的特殊安排；第四，增加市值类退市指标，与上市条件相呼应；第五，增加信息披露或者规范运作存在重大缺陷等规范类退市指标，与注册制合理衔接。

严格的退市制度将使得无法持续创造价值的企业被市场淘汰。此前，我国资本市场退市制度的不严格不仅造成了上市企业"鱼龙混杂"的现象，更使得上市企业的总体质量难以保障。目前，实行注册制的科创板将实施"史上最严退市制度"，推动市场进行"优胜劣汰、有进有出"的持续健康发展。

从上述内容可以看出，当前的注册制不仅仅要求企业的规范性，更要求企业具备持续发展经营的能力。所以，未来不具备价值持续创造能力的企业，在注册制背景下，终将会被资本市场所淘汰。

【小贴士】

自 2019 年 7 月 22 日首批公司上市以来，科创板正加速扩容。截至 2019 年 12 月 31 日，科创板申报企业达 205 家，其中 70 家企业成功上市。在业内看来，"有进有出"尤为重要，保证市场流动性，这就需要建立严格的退市制度。此外，伴随着注册制的全面推行，科创板上市企业后续再融资和并购重组等配套制度细则也尤为关键。

第二章

科创板与其他板块

第一节　资本市场改革"试验田"

我国 A 股市场在 2000 年以前，一直是实行审批制，当时的资本市场主要是为大型的国有企业提供融资服务。在 2000 年以后，IPO 先后实行了非市场化的询价制与核准制，并长期设有严格的利润指标等要求，通过非市场化的核准制审核企业上市，其造成了阿里巴巴、腾讯、百度、京东等一系列科技创新型企业在快速成长期时纷纷赴海外上市，募资发展。唯有设立一个其专属的市场，并推进如注册制改革等差异化的制度安排才可帮助科技创新型企业实现上市融资发展。

科创板的设立基于增量改革的思路，对于完善中国多层次资本市场，具有里程碑式的意义。通过引入更多长期的机构投资者，彻底改变直接融资、间接融资不平衡格局。通过直接融资提高要素的配置效率，帮助企业降低杠杆；引导资本对核心科技企业的支持，助力我国科技创新；同时，科创板是试点注册制的载体和"试验田"，若试点成功，未来将向主板延伸。我国股权资本市场主要由主板、中小板、创业板、科创板、新三板组成。主板聚焦市场占有率较高、规模较大的成熟企业，设立于上交所和深交所；中小板定位于即将或已进入成熟期、盈利能力强，但规模较主板小的中小企业，设立于深交所；创业板定位于具有一定规模的高科技、高成长企业，设立于深交所；科创板定位于新一代信息技术、高端装备、新材料、新能源、节能环保、生物医药企业，设立于上交所；新三板主要针对中小企业，由全国中小企业股份转让系统设立管理。

相比其他板块，科创板对科技创新型公司更加灵活和包容。针对科创公司早期现金流、盈利不稳定的特点，科创板降低对净利润、现金流、净资产的要求，更加注重公司的持续经营和研发投入。科创板具有如下六大特点。

一是上市条件更加包容。不再着重要求盈利，引入市值、营收、现金流、研发投入占比等指标，允许符合科创板定位，尚未盈利或存在累计未弥补亏损的企业上市。

二是由审核制改为注册制。推行注册制，实质是把选择权交给市场。通过信息披露、注册登记和违规监管代替发行审核，也能有效减少权力"寻租"。上市资格不再是稀缺品，引导市场理性判断企业价值。

三是定价机制更加市场化。科创板取消盈利要求，发行价也取消23倍市盈率上限，定价完全由机构网下询价确定。市场化定价使得科创企业估值更加合理，资源配置更具有效率。

四是交易机制幅度放宽。科创板交易机制的涨跌幅放宽至

20%，且前 5 个交易日无涨跌幅限制，给予市场充分的定价空间。

五是执行严格持续监管机制。对于减持和股权激励制度创新、并购与主业的协同、退市的标准和程序等方面，均匹配了持续监管的机制。通过透明严格可预期的法律和制度条件，全面提高违法成本。

六是允许公司分拆上市。允许将达到一定规模的上市公司子公司、子业务板块进行拆分、独立融资，并重新上市运作。在满足子公司融资需求的同时，改善上市公司财务的状况，对旗下具有成长性的子业务进行价值重估，进而提升上市公司市场价值。

一、科创板与上海股交中心

事实上，早在 2015 年，科创板（科技创新板）的概念就已经提出，并于 12 月 28 日在上海股权托管交易中心（以下简称"上海股交中心"）正式开板。但这仅是在上海市区域性股权交易场所（场外市场）设立，与在上交所（场内市场）设立的科创板定位是不同的。

科创板既不同于上海股交中心现有板块，又实现与相关多层次资本市场错位发展，主要体现为：

一是突出服务科技型、创新型中小微企业。强调根据此类企业特点进行制度安排，设置科学合理的挂牌条件、挂牌程序，协调上海本市针对此类企业的扶持政策向该板块聚焦，突出平台的公益性，充分发挥科技创新板服务科创中心建设的功能。

二是突出吸引天使投资、风险投资等机构。重点从"募、投、管、退"四个方面，拟设立"上海股交中心科技创新股权投资基金"作为母基金（"募"），建立科技创新企业信息库（"投"），提高企业信息披露规范化、透明化程度（"管"），开辟挂牌审核简易注册程序、与多层次资本市场对接、完善现有 PE/LP 份额报价系统功能（"退"）等多种方式，构建与股权投资机构良性互动机制。

三是突出与相关多层次资本市场主动对接。上海市金融办将与相关多层次资本市场签署合作协议，从业务规则、服务资源、基础设施、自律监管、审核机制等方面，推动"科技创新板"对接"战略新兴板"、全国股转系统等多层次资本市场，协同服务企业成长。

四是突出搭建便利融资的综合金融服务平台。利用互联网等手段，通过"投贷联动""投保联动"等服务机制，加强与银行、证券、保险、私募、资管、担保、保理等金融业态合作，形成"投智+融资"的平台，为挂牌企业提供综合金融服务。

二、科创板与主板

对比来看，主板被看作是一板市场，上市企业多为大型成熟企业，具有较大的资本规模以及稳定的盈利能力。

科创板相对于沪市主板提高了合格投资者的门槛，放宽了涨跌幅限制，规定上市首日即可作为融资融券标的，优化了做空机制。据上交所表示，目前 A 股市场上仅 300 万个人投资者满足 50 万元资产和两年交易经验的要求，科创板的投资者结构将朝机构化发展。

中国证监会官网显示，与主板、创业板相比，科创板旨在补齐资本市场服务科技创新的短板，聚焦于创新企业。一方面，创新企业的商业模式较为特殊，在发展潜力、经营风险等方面与成熟企业有较大差异。另一方面，科创板发行上市条件更具包容性，支持有一定营业收入规模但未盈利的企业上市，允许存在投票权差异、红筹企业等特殊企业上市，股票发行试点注册制。此外，科创板在发行承销、市场交易、退市等多个方面也进行了制度创新。相较于其他板块，科创板的市场机制更为复杂、市场风险更高，对投资者的风险识别能力和风险承受能力有着更高的要求。

三、科创板与新三板

全国中小企业股份转让系统（简称"全国股转系统"，俗称"新三板"）是继上交所、深交所之后第三家全国性证券交易场所，也是我国第一家公司制运营的证券交易场所，主要为创新型、创业型、成长型中小微企业发展服务，境内符合条件的股份公司均可通过主办券商申请挂牌，公开转让股份，进行股权融资、债权融资、资产重组等。

科创板和新三板一样，同属于场外交易市场，但与新三板不同，科创板将重点面向尚未进入成熟期但具有成长潜力，且满足有关规范性及科技型、创新型特征的中小企业。投资者门槛为50万元。而根据上海证券交易所战略新兴板的相关方案，新兴板将作为一个新的板块，独立于主板市场，且将面向已经跨越创业阶段进入高速成长阶段、具有一定规模的企业。

在业内看来，科创板或将成为新三板优质企业的"转板"方向。新三板市场在2018年后，彻底进入了寒冬期。2018年前三季度，新三板新增挂牌企业465家，比2017年同期大幅减少了72.73%；摘牌企业数量却为1152家，比2017年同期增加了163.01%；1196家新三板挂牌企业，仅实现募资588.74亿元，是

2017 年同期募资额的 56.9%。新三板市场因流动性不足、融资定价功能丧失等问题长期存在，已逐步失去吸引科技创新型优质企业，并助力其融资发展的能力。2018 年更多的科技创新型新三板企业选择海外上市或退市重新申报 A 股 IPO，而科创板的推出将成为如神州优车、长城华冠等优质的科技创新型新三板企业的"转板"方向。此外，科创板或将加速新三板精细化分层制度改革的推进。

在首批 25 家科创板企业中，有 4 家来自新三板。这 4 家公司分别是西部超导、嘉元科技、天准科技、南微医学，平均溢价率达 300%，最低的天准科技也有 260.18%。2019 年年初在新三板退市时，西部超导市值仅有 52.56 亿元，登陆科创板首日大涨 266.60%，市值达到了 242.66 亿元，较新三板退市时激增 361.71%。相比之下，新三板流动性不足，退市时的市值无法体现企业的真实价值，有些新三板公司的市值长期低于自身的净资产。知名财经评论员布娜新指出，科创板是"头部"市场，能去"头部"市场的企业可以享受更高估值。这部分差价类似政策红利，市场不能低估它的力量。

四、科创板与创业板

2009 年创业板设立于深交所，2020 年 4 月 27 日，中央全面深化改革委员会第十三次会议审议通过了《创业板改革并试点注册制总体实施方案》，创业板企业上市由原来的核准制改为注册制。创业板是专为暂时无法在主板上市的，需要进行融资和发展的高科技产业企业、中小企业和创业型企业等，提供融资途径和成长空间的证券交易市场。创业板是对主板市场的重要补充。上市挂牌标准中，财务指标的要求在量上相比于主板较低，在指标的选择和内容规定上，与主板大体相同。

科创板的建立对丰富我国证券市场层级，完善资本市场基本制度，推动创新战略的实施有着不可替代的作用。从短期来看，科创板与创业板之间可能会产生一定的"虹吸"现象，在"壳"资源估值、上市资源等方面对创业板造成不同程度的冲击。但从长期来看，科创板有助于创业板实现"自我净化"，维持市场稳定，对创业板的影响利大于弊。

根据《上海证券交易所科创板股票交易特别规定》，上交所对科创板股票竞价交易实行价格涨跌幅限制，涨跌幅比例为 20%。而首次公开发行上市的股票，上市后的前 5 个交易日不设价格涨跌幅限制。

创业板启动之初，上市公司首日股价不设涨跌幅。据国泰君安统计数据，创业板第一批上市公司首日行情异常火爆，日内均冲高回落，开盘平均涨幅已达到 77.84%，随后股票在开盘后一路走高，在午盘时达到平均 176.23% 的平均涨幅，接着便开始回落，收盘价平均涨幅为 106.23%。当天 28 只股票平均涨幅达到 122.68%，平均换手率高达 88.88%，可见大部分中签新股的投资者选择在首日进行抛售，造成了股价的剧烈波动。对比之下，科创板首周走势与此比较接近。

交易所数据显示，截至 2019 年 7 月 29 日收盘，科创板首批股票融资余额达 21.75 亿元，较前一日增长 3.37 亿元。

中国证监会和上交所先后发布几十份重要指导文件并修订《证券法》，为科创板注册制试点构建基本框架和顶层保障。

从科创板的短期影响来看，由于第一批科创板是集体上市，上市头几天其换手率较大，对整个主板形成一定的分流效应。但之后随着交易逐渐恢复平静，分流效应会减弱，而对风险偏好提升的作用将会显现。

【小贴士】 科创板不是简单地增加一个板块

2019年6月13日，在第十一届陆家嘴论坛上，科创板正式开板。中共中央政治局委员、上海市委书记李强致欢迎辞时指出，科创板不是简单地增加一个板块，更重要的是市场制度的创新和成型，架起了金融资本与科创要素的通道，促进了金融中心和科创中心建设的联动发展。

在2月27日的国新办新闻发布会上，中国证监会主席易会满表示，设立科创板并试点注册制，是一项重大的制度创新，这项工作做好了，对于资本市场的各项改革都是非常大的一个推动，需要坚决地、稳步地推进。易会满提出，科创板和现有的主板、中小板、创业板以及新三板都是多层次资本市场体系的重要组成部分。科创板主要在发行、上市、信息披露、交易、退市等方面做了非常多的制度创新，在很多方面有很大的突破。科创板不是一个简单的"板"的增加，它的核心在于制度创新、在于改革，同时又进一步支持科创。中国证监会将会认真地评估推出科创板以后改革创新的效果，并统筹推进创业板和新三板的改革，更好地为经济高质量发展提供服务。

上海证券交易所党委副书记、总经理蒋锋也曾多次在公开场合表示，设立科创板并试点注册制是党中央根据当前世界经济金融形势，立足全国改革开放大局作出的重大战略布局。对

于完善多层次资本市场体系、提升资本市场服务实体经济的能
力具有重要意义。为上交所发挥市场功能、增强包容性，提供
了至关重要的突破口和实现路径。蒋锋表示，设立科创板并试
点注册制，不是简单地增加一个市场板块，而是资本市场的重
大改革，必须深入思考如何突破共性难题，坚持问题意识和问
题导向。

第二节　与其他板块互补发展

一、对 A 股其他板块而言：短期有"抽血效应"，长期将形成良性竞争

科创板的成立短期必然会对市场上其他板块的存量资金产生
"抽血效应"。但任何成熟的资本市场，都有不同的交易所或板块
形成良性的竞争。如美国的纽交所与纳斯达克，多年的竞争使得
两家交易所不断地创新发展。上交所科创板的推出将会与深交所
中小板、创业板形成最直接的良性竞争，将倒逼已经趋于同质化
的中小板与创业板改革，并通过差异化的制度安排，吸引优质科
技创新型企业上市。

在上交所设立科创板并试点注册制，这无疑是资本市场的一
件大事。而作为 A 股市场的投资者，自然更关心此事对 A 股市场
的影响。而要确切地弄清其对 A 股市场的影响显然是一件非常困
难的事情，但总体来说，包括以下几个方面。

一是对 A 股市场资金的分流。在国内资本市场增加一个新的板块，对 A 股市场资金的分流是不可避免的。尤其是这个板块还是科创板，挂牌上市的是科技创新型企业，是中国经济中最具活力的一批企业，这对 A 股市场资金的吸引力是不言而喻的。虽然科创板将实行投资者适当性管理，这对分流 A 股市场的资金会起到一定的抑制作用，但机构资金的流出将是没有障碍的，包括管理层也鼓励中小投资者以认购投资基金的方式来投资科创板。可以说，分流 A 股市场的资金，这是科创板对 A 股市场最直接的影响。

二是对创业板乃至整个 A 股市场的估值都会带来一定的挤压。科创板挂牌上市的门槛较之于 A 股其他市场来说，大幅降低，甚至未盈利的企业也被允许上市。如此一来，科创板公司在挂牌上市之初经过一番炒作之后，其股票的价格将会回归其价值。总体来说，其估值将会低于创业板乃至整个 A 股市场。这对 A 股市场尤其是创业板将会构成一定的压力。毕竟创业板本身也是以新兴产业公司为主体，与科创板存在直接的竞争关系。科创板推出受影响最大的就是创业板了。

三是科创板的推出，将会引发 A 股市场"壳"资源的进一步贬值。一方面是科创板的上市门槛低了，一些科创型公司也就没有了借"壳"上市的愿望，与其借"壳"上市，还不如直接到科创板上市。而且科创板试点注册制，其上市要比目前 A 股其他市场容易许多，如此一来，A 股市场的"壳"资源自然也就进一步贬值。另一方面科创板上市门槛低，这些企业上市后也容易出现两极分化，一些差的公司又会进一步沦为"壳"资源，从而使得市场上的"壳"资源进一步增多，"壳"资源也将因此而贬值。

中国证监会官方网站发布的信息显示，科创板的设立旨在补齐资本市场服务科技创新的短板，是资本市场的增量改革，将在盈利状况、股权结构等方面作出更为妥善的差异化安排，增强对创新型企业的包容性和适应性。这也使得科创板的设立对于 A 股市场具有一定的积极意义。

在制度建设上，科创板可以作为 A 股市场的"试验田"。比如降低挂牌上市门槛，允许亏损企业上市，允许同股不同权公司上市，这曾经是管理层多次提出的事情；但由于现行法律法规的限制，以及市场的风险问题，所以这些措施在 A 股市场始终都没有推出来。如今有了科创板，而且科创板又对投资者实行适当性管理，因此，这些制度上的改革就可以交由科创板来完成。

此外，科创板的开设在一定程度上可以缓解 A 股市场 IPO 的压力。因为科创板开设后，同股不同权公司、未盈利公司就可以在科创板挂牌上市，那么这些公司也就没有必要到 A 股上市了。这对于减轻 A 股市场 IPO 的压力是有一定积极意义的。

二、科创板是对我国多层次资本市场体系的完善与补充

我国资本市场由 1990 年发展至今已有 30 年历史，随着市场的发展及 IPO 核准制的同质化，造成了场内市场各板块的同质化，而创业板帮助科技成长型中小企业对接资本市场发展的功能并不明显。所以，为了帮助科技创新型企业对接资本发展，我国的场内市场需要在制度上有所差异化的板块出现，科创板将试点的注册制度正是区别于其他板块的差异化制度安排。科创板的推出，将大大弥补我国处于快速成长期的科技创新型企业无法对接资本市场发展的空白。

第三节　科创板投资建议

一、投资挑战

（一）中国证监会不再进行实质性审核，企业盈利能力难以保障

核准制遵循实质管理原则，相当于帮投资者对企业质量把关。中国证监会会对公司的盈利能力和投资价值作出判断，选择权集中在中国证监会手中。

注册制遵循公开原则，上市企业的质量参差不齐，不能保证盈利能力。注册制下监管层的关注点在于合规性审查，将选择权交给了市场。科创板试点注册制，在硬性指标如盈利、营收等方面上有所放松，允许没有盈利的企业上市，只能保证上市企业是好行业而不能保证公司质量，未来利润情况未知，不确定性更大，个股踩雷机会高，众多企业鱼龙混杂，对投资者个人的判断能力提出了更高要求。而且这类优质企业毕竟占少数，选择的标的一旦触及退市标准将给投资者带来巨大损失。

（二）涨跌幅限制放宽，股价波动加剧，打新有风险

首日成交量和换手率会上升，波动加剧。A股对上市首日新股设置44%涨幅限制，其后为10%涨跌幅限制。科创板上市股票前5个交易日不设涨跌幅限制，其他交易日竞价交易涨跌幅限制

由 10% 放宽至 20%。完全放开首日涨跌幅限制，可能会导致科创板企业股票首发上市存在暴涨或破发，股价在短时间内加速冲高后回落，成交量将显著放大。

连续涨停现象减少，新股确定性收益减弱。涨跌幅的放宽意味着股价可以即时反映更多信息，连续涨停的现象将减少。在更加市场化定价的前提下放宽涨跌幅，优质公司与劣质公司的股价表现将有明显分化，新股申购的确定性收益减弱，投资风险上升，打新不再是低风险高收益的事，原有的打新策略不再适用于科创板。

（三）单一估值法失效，多元化估值体系面临挑战

前期盈利困难的科创类企业不再适用原有的估值体系。单一业务成熟期企业一般采用 PE、PEG、DCF 等盈利及现金流指标的估值方法；但由于科创板允许尚未盈利的企业上市，原有的估值方法将不再适用，对科创类企业估值面临着新技术发展时间短、横向比较缺乏对标等难题。

科创板的估值体系会更加多元化。根据科创类企业不同的发展阶段，将适合不同的估值。对未盈利的稳定增长企业，可采用 PS、EV／EBITDA、EV／Sales 等收入指标的估值方法。

（四）考验基金管理能力，封闭式产品风险加大

不满足门槛的散户只能通过购买公募基金来参与科创板投资。科创板要求投资者满足 50 万元资产和 2 年投资经验要求，95% 以上的散户只能通过公募基金参与科创板。

对科创板这种新板块，基金经理不一定擅长，他们面对的也是全新的规则和股票，而且很多科创板基金还是封闭式的，开放

式的也是以混合型为主。我国基金市场在某一行业或概念较热的时候为了吸引投资者，容易追随市场情绪，推出一些爆款基金，但这并不能保证该基金的业绩表现就会很好。比如 2015 年"互联网+"行情下，一度火热的"互联网+"基金大多是亏损状态；2018 年火热的"独角兽"基金变成了打新基金，还是有 3 年封闭期的，2018 年基金年报显示，6 只战略配售基金权益类资产占比平均为 1.17%，有的产品甚至没有进行权益建仓。此外，有些封闭式的产品也代表期间无法赎回，有流动性风险，以 2013 年成立的 3 年封闭期的新三板基金为例，年内平均亏损 10%。

（五）科创板企业将呈现分化现象，投资机构或浮亏

中国证监会主席易会满表示，科创板总体判断是"符合预期、基本平稳"。截至 2019 年 11 月 6 日，科创板累计已经受理企业 174 家，50 家企业在科创板挂牌上市，平均发行市盈率为 61.32 倍。其中，微芯生物、中微公司发行市盈率均超过百倍。剔除上述两家公司后，科创板平均发行市盈率为 50.58 倍，明显高于 A 股其他板块。

对于一级市场创投机构而言，科创板整体利好"硬科技"创业与投资，为风险投资及私募股权投资机构提供了退出渠道，提高了对早期不盈利项目投资的积极性。但同时也缩短了一级市场股权投资周期，这加剧了机构获取优质项目投资标的竞争态势。

科创板上市公司当前估值很高，一些机构投资者会选择以更高的估值去"追抢"登陆科创板可能性高的企业。以科创板上市企业安恒信息为例，朗玛创投、华金资本、浙商创投、碧鸿投资都是"后来者"，于 2019 年 2 月"接盘"安恒信息创始人范渊转

让的部分股权，持股比例分别为 1%、1%、0.5%、0.5%。据悉，"接盘"时安恒信息的估值为 30 亿元。2020 年 3 月 13 日，安恒信息的收盘价是 209.75 元/股，总市值为 155.37 亿元。

"按照科创板企业整体质量来看，60 余倍市盈率还是偏高。在注册制下，一、二级市场估值价差缩小，企业长期价值成长能力关乎生死。这就意味着投资机构要坚持长期价值投资的逻辑，如果还是按照此前'Pre-IPO'套利赚钱方式，投资机构有可能亏惨"，如是资本董事总经理张奥平指出。

值得注意的是，按照科创板设置的保荐跟投制度，保荐机构也要跟投，如果发行定价偏高，又在跟投之后遭遇破发，就意味着将面临亏损风险。此外，业内人士表示，如果后续破发面继续扩大，投资者申购新股情绪会受影响。

如何看待科创板个股的首次破发，破发会损害科创板的投资价值吗？如是资本董事总经理张奥平表示，破发是正常现象，对行业来说也是一件好事。"对于破发，一些投资机构的朋友心态很好。科创板如果没有破发的话，大家都赚到钱，市场是非理性的。"

数据显示，科创板首批 25 家公司上市首周股价平均涨幅约 140%，平均市盈率约 120 倍。"首批 25 家科创板企业上市时，资产标的稀缺，而非理性的资金量多，新股受到资金爆炒，因此市值虚高。但随着资产标的的增多，且资金更为理性，科创板企业估值回归合理。长期来看，企业是否具备长期价值创造的能力关系市值增长和退市，科创板上市企业必然两极分化严重，有的甚至可能会退市"，如是资本董事总经理张奥平解释。

另外，注册制下的企业定价逻辑与核准制下的是不一样的。

A 股市场在借鉴海外的估值模型时出现不适应，因为 A 股市场的投资人结构与海外市场有很大不同。海外市场大部分是机构投资者，而 A 股市场大多是个人投资者。因此，科创板企业估值的核心判断逻辑需要大家共同探索。

二、发展建议

相比创业板、新三板原有的上市及管理规则，科创板有较大幅度的创新，具体体现为市场化、国际化和法制化三大思路。

市场化方面，科创板对公司上市条件松绑，放松盈利要求，首次试点有一定核准的注册制，上市门槛采取 5 套标准，未盈利科技企业满足市值、收入等一定要求后即可上市；发行价不设限制，全面采用市场化的询价方式定价，取消 23 倍市盈率限制。同时，加强监管，做到该管的管，不该管的不过度干预。未来随着试点注册制的大面积推行，更多选择权将交还市场。

国际化方面，目前科创板交易制度开始与国际接轨，上市前 5 个交易日不再设置涨跌幅限制，之后设 20% 涨跌幅限制，上市首日即可卖空。此外，开始对标美国纳斯达克，支持可变利益实体（VIE）同股不同权。A 股个人散户投资者占比较高，科创板的设立适度匹配了 50 万元市值的投资者门槛，是设立多梯队、分层式市场的重要一环，有助于引入长线资金，改善市场生态，对接国际标准。未来应当继续加深改革，逐步建立健全国际化、多层次的资本市场，包括稳定监管预期、降低交易费率、加大市场深度、推进衍生品市场发展等。

法制化方面，科创板建设的重中之重是要着力做好以信息披露为核心的注册制改革，同时完善法制，提高违法成本，加大监管执法力度。我国法制建设在一定程度上落后于证券市场的发展，比如没有集体诉讼制度，对投资者的保护力度有所欠缺。而科创板的建立，将进一步完善上市公司信息披露制度，发挥市场监督作用，使监管层将精力放在事中事后监管上，加大对财务造假的打击力度。

在个人投资者保护方面，科创板也走在了中国资本市场的最前沿，准入门槛较高，最大限度地减少了个人投资者参与投机的可能性。

【小贴士】 科创板时代，投资者建议

需要关注科创板特有的以下风险：（1）更容易退市的风险；（2）流动性风险，参考纳斯达克市场，部分前景不明朗的公司可能丧失流动性；（3）技术前景和商业模式在初创期具有高度不确定性；（4）传统的投资分析和估值方法不适用的风险。

科创板股票破发也说明资本市场的态度。投资机构要去适应资本市场大变革的制度，真正理解变革的内涵，坚持长期价值投资赚取投资回报。一、二级市场的投资机构要去适应资本市场大变革的制度，探索IPO定价体系，同时反思一级市场给出的估值。

我们也需要警惕因为市场过热导致的二级市场泡沫，以及一、二级市场价差推高一级市场估值的弊端。

第三章

核准制与注册制

第一节　A股发行上市制度变迁

科创板与主板等最大的不同在于，前者是注册制，后者为审批制。因此，科创板相对主板等其他板块更为市场化（见表3-1）。值得一提的是，继科创板之后，创业板成为国内第二个试点注册制的板块。

表 3-1　不同类型企业在不同板块上市

证券发行监管制度	板块	企业类型
注册制	科创板	成长型科技企业
	创业板	高成长型、创业型中小企业
核准制	新三板	非上市企业
	中小板	中型企业
	主板	大型成熟企业

　　注册制是一种不同于审批制、核准制的证券发行监管制度，它的基本特点是以信息披露为中心，通过要求证券发行人真实、准确、完整地披露公司信息，使投资者可以获得必要的信息，从而对证券价值进行判断并作出是否投资的决策，证券监管机构对证券的价值大小、价格高低不作实质性判断。

　　自 2001 年到启动科创板之前，我国资本市场证券发行一直采用的都是非市场化的核准制，即证券发行权利通过证券审核机构批准获得，发行人的股票发行权是由证券监管机构以法定形式授予，其充分体现了行政权力对证券发行的监管。而全球成熟的资本市场大多数采用的是注册制的模式，其主要存在两种类型。一种是美国、日本等地的注册制模式，发行与上市是相对独立的过程，发行由证券交易委员会审查并注册，上市由证券交易所审查。另一种是英国、中国香港等地的注册制模式，证券交易所同时拥有发行与上市审核权。这两种模式皆强调发挥证券交易所的作用，体现了证券监管以自律为主的原则，证券监管机构可以将更多的时间与精力用于对证券上市后的事中事后监管，其更加精细化的分工，整体上细化了上市审核流程，增强了效率。

一、从审批制到核准制再到注册制

　　《科创板首次公开发行股票注册管理办法（试行）》指出，首次公开发行股票并在科创板上市，应当符合发行条件、上市条件以及相关信息披露要求，依法经上交所发行上市审核并报经中国证监会履行发行注册程序。

　　2020 年 3 月 1 日，新《证券法》正式施行。在总结上海证券交易所设立科创板并试点注册制的经验基础上，新《证券法》贯彻落实党的十八届三中全会关于注册制改革的有关要求和党的十九届四中全会关于完善资本市场基础制度的要求，按照全面推行注册制的基本定位，对证券发行制度做了系统的修改完善，充分体现了注册制改革的决心与方向。同时，考虑到注册制改革是一个渐进的过程，新《证券法》也授权国务院对证券发行注册制的具体范围、实施步骤进行规定，为有关板块和证券品种分步实施注册制留出了必要的法律空间。

1993 年以来我国先后经历了行政主导的审批制、行政主导向市场主导转变的核准制两大阶段，而后科创板、创业板先后试点注册制改革。从时间维度考察，我国 IPO 制度的改革可总结为如下演进过程。

20 世纪 90 年代，由于我国处于由计划经济向市场经济转轨时期，市场力量微弱，国家通过行政审批完成对上市企业的筛选，即对企业进行实质审核和价值判断。

2001—2004 年是我国股票发行制度经历的第二个演进时期，该时期实行核准制下的通道制。从审批制到核准制，IPO 制度有了较大变化，市场的作用逐步得到发挥，中介机构的角色和作用逐渐增强。信息披露的重要性逐步凸显，披露的质量也有所提高。

2005—2013 年实行核准制下的保荐制阶段。从市场化的角度来看，通道制仍然带有计划经济色彩，为了进一步完善 IPO 制度，我国开始实行保荐制。

自 2013 年 11 月起，我国 IPO 制度步入一个新的阶段，在这一阶段实施的 IPO 发行审批制度仍然是核准制下的保荐制，但是从整个 IPO 制度来看，在发审层面、定价层面、信息披露和法律责任层面都较之前作出了一些改革和调整，具有了注册制的一些特征。

在试点注册制之前，我国 IPO 制度大致经历了审批制到核准制两大不同的阶段，IPO 制度在改革过程中逐渐完善，现阶段 IPO 制度改革的方向是注册制。我国 IPO 制度演进中呈现出的特点与趋势，总结如下。

第一，市场化程度逐渐增强。市场化的趋势在我国 IPO 制度演进和改革中有两大明显的体现：一是体现在发审制度的审核理念上；二是体现在 IPO 定价上。从审批制到保荐制，中国证监会的实质审核程度有所降低，逐渐偏向于合规层面的审核；定价方式由审批制阶段的固定价格到现在不再行政管控发行价格，逐渐发挥市场的定价功能。

第二，投资者作用逐步凸显。在 IPO 审核过程中，通过增加 IPO 公司的信息披露，使投资者能够发挥在 IPO 审核过程中的监督作用；IPO 公司信息披露的赔偿责任也逐渐增加，审批制时期，投资者因中介机构的失职造成的损失的索赔机制并不健全，而在保荐制时期有明确的规定；同样，在定价和配售阶段，投资者的意愿也能得到反馈。总体来看，我国 IPO 制度改革过程中对投资者的保护及对市场的尊重逐渐加大。

第三，信息披露逐渐增强。审批制阶段 IPO 公司的招股说明书并不向社会公布，而核准制时期渐渐完善了 IPO 公司的申请文件向社会公布的规定；核准制前期对 IPO 公司信息披露的要求是除了中期报告和年度报告，另需披露重大事件，这一表述在保荐制时期已经变成凡是对投资者有影响的信息均应当披露，可见信息披露的要求呈逐渐增强的趋势。

第四，责任追究力度加强。从审批制到保荐制，需要承担法律责任的主体范围不断扩大，责任追究机制越来越健全，责任划分渐趋明朗，处罚力度也有所加大。IPO 公司对其所披露信息的责任逐渐加大，中介机构的连带责任渐趋明确。在审批制和之前的保荐制中，没有重视对第三方中介机构的监管和责任处罚，相关规定也不健全。而目前，对中介机构的监管和责任追究由自律机构和中国证监会负责。

二、注册制与核准制的区别

注册制相较核准制的区别和要求体现在以下几点。

一是硬件上有所放宽。核准制都有一些发行上市的硬条件，这些条件在注册制的情况下有所放宽，如盈利条件的放宽。

二是更严格的信息披露。信息披露是注册制的核心内容，发行人在符合最基本的条件的基础上，必须符合更高的信息披露要求，发行人是信息披露的第一责任人。主要审核放在上交所，审核人员对报送材料要严格问询，从专业角度把关，更加追求信息的真实、准确、完整。

三是更市场化的发行承销机制。新股的发行价格、规模和发行节奏要通过市场化方式进行。在新股发行定价中，要发挥机构投资者的投研能力，建立以机构投资者为主体的询价机制。

四是强化中介机构责任。要严格履行尽职调查义务和核查把关责任，对违法违规人员进行严厉的追责，大幅提高违法违规成本，对信息披露违规违法行为等出"重拳"。

五是更健全的配套措施。建立良好的法治环境，更强调工作的系统性、协同性，采取更丰富的手段提高监管能力。

第二节　试行注册制的意义

一、注册制的起源

美国堪萨斯州在 1911 年州立蓝天法中，确立了"实质监管"的证券发行审批制度，授权注册机关对证券发行人的商业计划是否对投资者公平、公正、合理进行实质性判断。1929 年"大萧条"之后，美国制定了《1933 年证券法》，没有采纳"实质监管"的证券发行制度，而是确立了以"强制信息披露"为基础的证券发行注册制。目前，注册制已经成为境外成熟市场证券发行监管的普遍做法。除美国外，英国、新加坡、韩国、中国香港及台湾地区等都采取具有注册制特点的证券发行制度。由于各个国家或地区发展历史、投资者结构、法治传统和司法保障等方面的情况存在较大差异，不同市场实施注册制的具体做法并不完全相同。

2013 年党的十八届三中全会提出要"推进股票发行注册制改革"。2019 年 1 月，经党中央、国务院同意，中国证监会发布《关于在上海证券交易所设立科创板并试点注册制的实施意见》，标志着我国证券市场开始从设立科创板入手试点注册制，逐步探索符合我国国情的证券发行注册制。科创板试点注册制借鉴全球成熟市场的有关做法，将注册条件优化、精简作为底线性、原则性要求，实现了审核标准、审核程序和问询回复的全过程公开，体现了注册制以信息披露为核心，让投资者进行价值判断的基本特征与总体方向。按照科创板注册制的要求，发行人是信息披露第一责任人，负有充分披露投资者作出价值判断和投资决策所必需的信息，确保信息披露真实、准确、完整、及时、公平的义务；以保荐人为主的中介机构，运用专业知识和专门经验，充分了解发行人经营情况和风险，对发行人的信息披露资料进行全面核查验证，作出专业判断，为投资者投资决策提供参考；发行上市审核部门主要通过提出问题、回答问题及其他必要的方式开展审核工作，目的在于督促发行人完善信息披露内容。发行人商业质量的好坏、股票是否值得投资、股票的投资价格与价值等事项由投资者作出价值判断。股票发行的价格、规模、节奏主要通过市场化的方式，由发行人、保荐人、承销商、机构投资者等市场参与主体通过询价、定价、配售等市场机制加以确定，监管部门不设任何行政性限制。

考虑到我国证券市场发展时间比较短，基础制度和市场机制尚不成熟，市场约束力量、司法保障机制等还不完善，科创板注册制仍然需要负责股票发行注册审核的部门提出一些实质性要求，并发挥一定的把关作用。一是基于科创板定位，对发行申请人的行业类别和产业方向提出要求。二是对于明显不符合科创板定位、基本发行条件的企业，证券交易所可以作出终止发行上市审核决定。三是中国证监会在证券交易所审核同意的基础上，对发行审核工作以及发行人在发行条件和信息披露要求的重大方面是否符合规定作出判断，对于不符合规定的可以不予注册。今后，随着投资者逐步走向成熟，市场约束逐步形成，诚信水平逐步提高，有关的要求与具体做法将根据市场实践情况逐步调整和完善。

随着我国资本市场的发展，股票发行核准制的弊端已有所显现。第一，核准制会出现权力的"寻租"行为及不当审核的现象。第二，核准制造成了 IPO 节奏行政化，经常暂停，这导致过多的企业排队而形成 IPO"堰塞湖"难题。第三，核准制造成了我国 A 股 IPO 资源的稀缺性，扭曲了资本市场供求关系，使得资本市场长久以来存在市盈率过高、股票定价过高、高超募金额的乱象。除上述三点以外，在过去的经济环境下，有充足的优质待上市企业资源，政府有条件对优质资产进行预筛选。但如今市场基础环境已发生改变：一方面，多数国有企业都已经成功上市，这方面的优质资产越来越稀缺；另一方面，对于传统行业，相关部门可以通过固定的标准，如净利润和连续盈利等对拟上市企业进行筛选，但如今代表新经济、新模式、新业态企业的成长逻辑及筛选标准在不断变化，这就增加了预筛选的难度。同时，市场生态也发生了变化，市场中介机构如券商、律师事务所、会计师事务所等体系日趋成熟，在专业性方面相对更有能力实现市场资源的优化配置。

所以，设立科创板并将证券发行非市场化的核准制转变为市场化的注册制，可以实质性地解决上述问题，而这也将改变目前证券监管机构的职责，中国证监会的工作重点将会由企业上市审核转移至上市后的监管，重点监管打击上市公司财务造假、内幕交易等违法违规的现象。

二、注册制的意义

在 1933 年美国首次推出注册制之前，其股指是大幅下跌的，推出后迎来了近 4 年的牛市。1929—1932 年美国股市崩盘，随后美国采取罗斯福新政，开始整顿财政金融，调节工业生产和提高社会福利，市场信心逐步恢复，经济逐渐回暖。1933 年之前，美国股票发行需要经过监管机构的实质性审查，但并不能阻止发行人投机、欺诈的情况发生。《1933 年证券法》以信息披露为原则，正式规定新股发行实行注册制，开启了证券发行注册制的先河，此后道琼斯工业指数扭转颓势不断上行。

对于一级市场私募股权投资机构而言，在注册制下，唯"IPO 至上"的退出思维或将改变，重组并购等退出方式有望兴起。具体来说，中国股权投资市场退出途径主要是 IPO、并购、股权转让等。在审批制下，一、二级市场存在差价套利空间，以及并购重组受政策等因素影响，中国创投基金尤为推崇 IPO 退出方式。联创永宣 CEO 高洪庆认为："在整个退出渠道中，IPO 占比 59%，远远高于美国的 5.6%。"如果注册制真正推行，一、二级市场价差缩小，IPO 退出未必能获得满意的回报收益，并购等其他退出方式有望兴起。

2019 年 8 月 23 日，科创板迎来上市企业并购重组实行注册制的重磅配套制度。作为中国资本制度改革的"试验田"，科创板上市企业并购重组注册制有望带动其他板块，并购重组将迎来注册制时代。一方面，科创板上市企业通过并购重组收购资产更加高效，实现做优做大做强；另一方面，并购重组的兴起，收购标的背后风险投资/私募股权投资新增退出渠道。

高洪庆进一步指出："第一，科创板重组新规的初衷是支持科创企业做大做优做强，要避免出现以前的'拉郎配'和消化不良等现象。第二，真正做到促进上市公司的长期健康发展，实现真正的 1+1>2，而不是为了投机而做所谓的市值管理。第三，科创板上市标的定位为高新技术产业与战略性新兴产业，整体估值高于其他板块，应防范并购重组中出现高估值、高商誉现象，在解禁套现等规则制定上，避免有损上市公司长远发展和损害投资者利益的行为。"

除了坚持初衷，信息披露尤为关键。更加强调以信息披露为核心也是《上海证券交易所科创板上市公司重大资产重组审核规则》起草的思路之一。注册制下的重组审核，以信息披露为核心的制度取向更加明确。

张奥平表示："注册制的核心是强化信息披露，这要求将并购资产信息披露给市场。因此在并购重组注册制下，已经在科创板上市的公司通过并购重组收购资产更为简洁高效，也更加公平公正……这是一个极大的制度性利好，给中国资本市场带来了积极的信号。科创板上市企业并购重组一旦实施注册制，创业板、中小板和主板也会随着注册制改革而逐步推进，并购重组的注册制时代将来临。"

【小贴士】

2019 年 12 月 28 日，全国人大常委会审议通过新修订的《证券法》，修订后的《证券法》已于 2020 年 3 月 1 日起施行。新《证券法》明确将全面推行注册制。注册制的全面推行，意味着我国新股发行制度将告别此前的核准制，企业上市流程大大简化，此前的 IPO "堰塞湖" 现象将有效缓解。

对于上市企业、券商、创投等市场参与者，在 "注册制" 下，赚钱逻辑发生改变。对于创投机构而言，注册制压缩了一、二级市场的价差，突击入股的 Pre-IPO 将渐行渐远；对于券商投行而言，将迎来巨大的增量业务发展机遇。

第二部分　投资者篇

第四章

机构投资者

第一节　机构投资者如何参与

中国的资本市场渐趋成熟，离不开机构投资者的壮大及发展。《关于在上海证券交易所设立科创板并试点注册制的实施意见》提出，构建科创板股票市场化发行承销机制，建立以机构投资者为参与主体的询价、定价、配售等机制，充分发挥机构投资者专业能力。

作为科创板重要的参与对象，机构投资者如何参与科创板？

针对科创板打新规则，上交所专门发布了《上海证券交易所科创板股票发行与承销业务指引》（以下简称《业务指引》）、《上海证券交易所科创板股票发行与承销实施办法》（以下简称《实施办法》）、《科创板首次公开发行股票注册管理办法（试行）》等法律法规。

科创板发行保留"网上＋网下"发行模式，其中网上发行主要面向个人投资者，机构投资者则主要参与网下发行。网下发行又包括向战略投资者进行战略配售和向网下投资者进行网下配售两种方式。

机构投资者主要可以通过战略配售和网下配售参与科创板打新（先战略配售，后网下配售）。其中，保荐机构、战略配售基金、公募产品、社保基金、养老金和企业年金基金以及保险资金为优先配售对象。

一、网下配售

《科创板首次公开发行股票注册管理办法（试行）》明确规定，科创板首次公开发行股票，应当向经中国证券业协会注册的7类专业机构投资者询价确定股票发行价格。

根据相关制度规则，参与科创板首次公开发行股票询价的专业机构投资者共包括7类：证券公司、基金管理公司、信托公司、财务公司、保险公司、合格境外机构投资者以及符合一定条件的私募基金管理人等专业机构投资者。7类专业机构投资者在中国证券业协会注册成为科创板网下投资者后，可以参与科创板首发股票网下询价。

具体而言，考虑到科创板的市场化定价，前6类和符合一定条件的私募基金管理人是数据分析出来具有较强定价能力的主体，所以选取这几类作为网下投资者。对于之前已注册为主板网下投资者的，前6类机构已自动转为科创板网下投资者；而对于原来已注册主板网下投资者的私募基金管理人，则需在规定时间节点内将补充材料上传，才可开通正式权限；如果以前还未注册成主板网下投资者的私募基金管理人，则需重新进行申请。

与此前主板市场规则相比，符合要求的个人投资者被排除在外。同时，银行理财子公司或商业银行本身并不在其中。

从网下配售比例来看，科创板新股发行向机构投资者倾斜。与主板相比，科创板网下配售有以下变化。

第一，网下初始配售份额从 60%—70% 上升至 70%—80%，提升了 10%。

第二，向上回拨比例显著降低，最高回拨比例从 40% 下降到 10%，回拨后网下配售比例达 60%—80%，远高于目前绝大部分主板股票的 10%。

第三，根据网下配售对象分类配售比例相关规定，网下配售优先级为：为满足不符合科创板投资者适当性要求的投资者投资需求而设立的公募产品（例如打新基金）>社保基金、养老金>保险资金、企业年金基金>境外机构投资者>其他机构投资者。并且，公募产品、社保基金、养老金、保险资金、企业年金基金合计配售比例从不低于 40% 上调至不低于 50%。

此外，与主板申购和配售不同，对于参与科创板的专业机构投资者，有两点需要关注。

一是报价方式不同。参与询价的科创板网下投资者可以为其管理的不同配售对象账户分别填报一个价格，每个报价应当包含配售对象信息、每股价格和该价格对应的拟申购股数。同一网下投资者全部报价中的不同拟申购价格不超过 3 个。而主板规定中，非个人网下投资者应当以机构为单位进行报价，网下投资者及其管理的配售对象有且只能有一个报价。

二是优先顺序不同。根据《实施办法》第十二条第（五）项，对网下投资者进行分类配售的，科创板的网下投资者分类与主板有所不同（见表4-1）。

表4-1　科创板与主板分类配售情况对比

板块	A 类	B 类	C 类
科创板	公募产品、社保基金、养老金、企业年金基金、保险资金	合格境外机构投资者 QFII	私募基金等其他配售对象
主板	公募基金、社保基金、养老金	企业年金基金、保险资金	私募基金、QFII、自然人等其他配售对象

一般而言，不同类别的配售比例为 Q（A）≥Q（B）≥Q（C）。基金公司专户理财、保险机构资管计划、证券公司资管计划属于 C 类投资者。

网下投资者的门槛在提升。2019 年 6 月 8 日《上海证券交易所科创板股票公开发行自律委员会促进科创板初期企业平稳发行行业倡导建议》发布，主要涉及网下发行、简化发行上市操作、经纪佣金标准三方面的建议。

华泰证券研报显示，网下投资者市值门槛提升，中长线资金在网下发行股份中的占比至少为 70%，且安排部分网下发行股票锁定，利于维护科创板平稳运行。

首先，市值门槛提升至 6000 万元以上。此前《科创板首次公开发行股票网下投资者管理细则》对网下投资者的门槛要求为"持有一定市值的非限售股份或非限售存托凭证"，而 A 股网下投资者的市值门槛要求为 1000 万元以上。市值门槛提升将减少参与打新的网下投资者的数量。

其次，中长线资金在网下发行股份中的占比至少应达到70%。中长线资金包括公募产品、社保基金、养老金、企业年金基金、保险资金和合格境外机构投资者资金6类。

最后，安排部分网下发行股票锁定。通过摇号抽签方式抽取上述6类中长线资金对象中10%的账户锁定获配股份6个月，而目前A股网下发行股份未设置锁定要求。

以上安排强调了中长线资金的作用，其可充分发挥专业能力，推动科创板合理估值、理性定价，避免市场初期价格剧烈波动的风险，利于科创板的平稳推出和稳健运行。

二、战略配售

严格来说，战略配售也属于网下配售，但优先级更高。

根据《证券发行与承销管理办法（2018年修订）》的规定，若安排向战略投资者配售股票的，应当扣除向战略投资者配售部分后确定网下网上发行比例。可见，战略配售优先级高于网下配售。但一般而言，战略配售的股份拥有12个月的锁定期限制。

《业务指引》规定，可以参与科创板发行人战略配售的投资者主要包括：

（一）与发行人经营业务具有战略合作关系或长期合作愿景的大型企业或其下属企业；

（二）具有长期投资意愿的大型保险公司或其下属企业、国家级大型投资基金或其下属企业；

（三）以公开募集方式设立，主要投资策略包括投资战略配售股票，且以封闭方式运作的证券投资基金（战略配售基金）；

（四）参与跟投的保荐机构相关子公司；

（五）发行人的高级管理人员与核心员工参与本次战略配售设立的专项资产管理计划；

（六）符合法律法规、业务规则规定的其他战略投资者。

与主板相比，科创板新增三大战略配售制度。

一是保荐机构跟投制度。保荐机构可以通过子公司使用自有资金进行跟投，跟投比例为 2%—5%，但需锁定 24 个月。

二是高管参与配售制。发行人的高级管理人员与核心员工可以设立专项资产管理计划参与战略配售，比例不超过 10%，且需锁定 12 个月。

三是绿鞋机制，即超额配售选择权。获此授权的主承销商可以按同一发行价格向投资者超额发售不超过报销数额 15% 的股份。

除此之外，《实施办法》明确规定："战略投资者参与股票配售，应当使用自有资金，不得接受他人委托或者委托他人参与，但依法设立并符合特定投资目的的证券投资基金等主体除外。"

战略配售存在一定的参与门槛。2019 年 6 月，科创板股票公开发行自律委员会倡议，应进一步提高战略配售门槛。华泰金融团队认为，战略配售范围缩小利于增加二级市场流动性。

科创板的战略配售门槛较主板的 4 亿股以上有所降低。发行数量在 1 亿股以下的新股最多占战略配售全部发行股份的 20%，1 亿股以上的新股原则上不超过全部发行股本的 30%。战略配售对象包括一般战略投资者、保荐机构、企业高管员工、科创主题封闭运作基金、战略配售基金等。

2019 年 6 月 8 日发布的《上海证券交易所科创板股票公开发行自律委员会促进科创板初期企业平稳发行行业倡导建议》提出，

首次公开发行股票数量低于 8000 万股且预计募集资金总额不足 15
亿元的企业不安排战略配售（券商跟投、向企业高管员工配售除
外）。

科创板发行初期战略配售的 8000 万股门槛设计既有利于保障
市场运行高效平稳，也能兼顾二级市场流动性。未来在投资者结
构逐步成熟、市场定价更趋合理的前提下，战略配售准入门槛有
望进一步放宽。

第二节　证券公司

科创板开市以来，作为陪伴企业成长的保荐机构——证券公
司初尝收入"狂欢"的乐果。截至 2020 年 3 月 18 日，已有 91 家
科创公司在科创板成功上市，参与跟投的 31 家证券公司合计浮盈
高达 44.02 亿元。

从设立、开市到常态化推进，科创板为证券公司的发展带来
了可观的红利以及长远的机遇。作为科创板最重要的中介机构，
证券公司深度参与到科创板的浪潮中，站在科创板的风口，完成
倒逼自身转型、重塑业务模式以及深化生态变革等系列举措。

"作为中国本土券商，中信证券承载着金融服务科技创新的重
任，未来我司将不忘服务实体经济的初心，牢记助力经济高质量
发展的使命，不断提升执业质量，发挥专业优势，力争筛选和推
荐更多的优质科创企业，努力为中国资本市场的改革及发展贡献
更大力量。"中信证券董事长张佑君表示。

做好科创板股票发行与承销工作，是证券公司的职责所在。作为 2019 年资本市场年度热词之一，"保荐+跟投"制度，是科创板尤为引人关注的特色制度，在券商领域一石激起千层浪，并为进一步压实保荐机构责任埋下伏笔。

2019 年 4 月 16 日，上交所发布《业务指引》，对战略投资者、保荐机构相关子公司跟投、新股配售经纪佣金、超额配售选择权、发行定价配售程序等作出了明确规定和安排。

一、试行跟投制度

根据《关于在上海证券交易所设立科创板并试点注册制的实施意见》，科创板试行保荐机构相关子公司"跟投"制度。

（一）跟投主体

本次发布的《业务指引》将"跟投"主体明确为保荐机构或保荐机构母公司依法设立的另类投资子公司，子公司参与发行人首次公开发行战略配售，并对获配股份设定限售期。保荐机构相关子公司跟投使用的资金应当为自有资金，中国证监会另有规定的除外。

另外，采用联合保荐方式的，参与联合保荐的保荐机构应当按照规定分别实施保荐机构相关子公司跟投，并披露具体安排。

上交所官网于 2019 年 4 月 16 日发文称，这一规定主要考虑合规性、操作性和包容性。在合规性方面，只有另类投资子公司投资的资金来源完全为自有资金，以其为实施主体符合相关要求。在操作性方面，据统计，境内共 98 家保荐机构，其中 59 家已设立另类投资子公司，其他绝大部分保荐机构已申请设立另类投资子公司。在包容性方面，考虑到极个别保荐机构因特殊原因无法以另类投资子公司形式跟投的情形，政策允许其通过中国证监会和本所认可的其他方式跟投，同时遵守相关规定和监管要求。

（二）跟投比例

在跟投比例方面，《业务指引》规定，参与配售的保荐机构相关子公司应当事先与发行人签署配售协议，承诺按照股票发行价格认购发行人首次公开发行股票数量2%—5%的股票，具体比例根据发行人首次公开发行股票的规模分档确定。

发行规模不足10亿元的，跟投比例为5%，但不超过人民币4000万元；发行规模10亿元以上、不足20亿元的，跟投比例为4%，但不超过人民币6000万元；发行规模20亿元以上、不足50亿元的，跟投比例为3%，但不超过人民币1亿元；发行规模50亿元以上的，跟投比例为2%，但不超过人民币10亿元。

关于跟投规模，主要考虑资本约束效力、保荐机构承受力和科创板健康发展需要之间的平衡，须坚持风险收益匹配原则、统筹协调原则。如果跟投制度产生系统性风险，将不利于科创板市场发展和证券行业发展。经征求意见和研究评估，市场主要机构普遍认为首次公开发行股票跟投比例为2%—5%较为合理。在2%—5%区间内按发行规模分档设定跟投股份比例，并规定单个项目的跟投金额上限，能够避免跟投比例"一刀切"的弊端，减轻保荐机构跟投大型IPO项目的资金压力和市场波动风险。

（三）跟投限售期

《业务指引》还明确了跟投股份的限售期，参与配售的保荐机构相关子公司应当承诺获得本次配售的股票持有期限为自发行人首次公开发行并上市之日起 24 个月。限售期届满后，参与配售的保荐机构相关子公司对获配股份的减持适用中国证监会和上交所关于股份减持的有关规定。

对于跟投股份设定 24 个月的限售期，上交所主要基于两点考虑。

一是结合不同类别股份的限售安排，平衡保荐机构的责任和义务。保荐机构是以战略投资者的身份参与跟投，但还承担了核查把关责任，因此其限售期应长于一般战略投资者的 12 个月；同时，实际控制人对发行人应承担最高责任，因此保荐机构的限售期应短于实际控制人的 36 个月。三类主体的限售期应保持一定间隔，以形成义务的有效区分。

二是平滑跟投股份解禁数量，减少对市场的冲击。由于证券公司的跟投并非主动投资，且对资本金形成了一定占用，因此预计股份解禁后会尽快减持股份。在此情况下，如果将限售期定为上市当年及其后一个或两个完整会计年度，则每年年初会出现大量跟投股票的集中解禁，对二级市场造成明显冲击。如果将限售期设定为固定时长并以公司上市日作为起始日期，则股份减持较为平缓。

综合来看，对跟投股份规定自上市之日起 24 个月内不得减持的安排较为合理。

二、跟投制度影响

（一）打造核心竞争力

在科创板试行保荐机构相关子公司跟投制度，有利于改变行业生存状态和价值链结构，推动证券公司行业以投行业务为中心，打造核心竞争力。

从微观上看，一是有利于发挥证券公司项目筛选功能，强化IPO质量把关，减轻监管层压力。二是有利于发挥证券公司研究定价功能，平衡投资者与发行人利益，平衡IPO估值与公司长期投资价值，增强IPO定价和二级市场定价合理性。三是有利于形成证券公司资本补充的良性循环，建立证券公司"获得资本回报、补充资本金、扩大证券公司业务"的业务格局，将证券公司资本变成市场"长钱"，增强行业直接融资服务能力。

从宏观上看，一是有利于实现"间接融资调结构、直接融资提比重"的金融市场改革目标。IPO市场化发行将吸引一批优质上市资源进入资本市场，并带动私募股权投资行业发展，有效支持科创企业的发展，缓解其融资难、融资贵问题。二是有利于引入证券公司资本及地方政府产业基金等"长钱"，吸引社保基金、保险资金、企业年金基金等"长钱"，构建合理的资金结构。三是有利于迅速做大券商行业，充实证券公司资本，加快培育一批有竞争力的证券公司。基于资本约束、专业能力和法律责任，构建以投行业务为中心的担责机制，有利于激活券商行业，改变同质化竞争的市场格局，催生真正经过市场洗礼、具备核心竞争力的世界级一流投资银行。

明确中介机构"保荐+跟投"，证券公司可通过子公司使用自有资金进行跟投，通过中介机构资本约束方式，可以消除发行人和主承销商之间的利益捆绑，推动中介机构谨慎定价、保荐和审慎，防止短期套利冲动，倒逼证券公司提高自身的资金实力、研究能力、合规风控能力，这是对过去"只荐不保"行业现象的一种纠正,通过券商跟投机制的设立,让证券公司在资本约束下做好前端把关工作,在作为市场主要参与者的同时担起责任来。

毋庸置疑的是,科创板的到来将给整个 IPO 生态、中介机构的承销保荐带来结构性改变,机构责任会被进一步压实。在定价环节之外,保荐人还需强化内部控制要求,从源头上把控保荐业务风险,保荐人需对发行人的申请文件和信息披露资料进行全面验证,作出专业判断,保荐人资格与新股发行信息披露质量挂钩机制也督促着保荐人担负起中介机构的专业把关责任。

针对科创板公司成立时间短、运营经验少、经营风险高的特点,保荐人的持续督导期延长,以督促发行人及其保荐人、证券服务机构真实、准确、完整地披露信息。这些都提高了中介机构的履职要求,在弱化通道红利的同时进一步促使投行加快转型,相信用不了多久,行业"虹吸"效应将逐步增强,那些综合实力强、走在市场化前沿的龙头券商将更具竞争优势,一批历经市场检验的投行"领头羊"将脱颖而出。

复旦大学泛海国际金融学院执行院长、金融学教授钱军认为,借由上市、定价、交易等方面,未来两年可以比较容易判断出中国一流券商的成色。跟投对券商的现金流、核心能力均带来挑战,从判断、信披分析、定价、询价到维护公司稳定上市等过程,都是比较好的衡量指标。

(二)增强定价合理性

跟投制度下,证券公司将同时承担股票发行承销和认购股票的责任,既是证券市场的卖方也是买方。在复旦大学金融研究院副教授沈红波看来,当前我国的科创板制度对券商提出了跟投要求，总体有利于投行发挥资本市场的定价机制和增值服务功能。同时，也要加快各项保障制度建设，规避券商跟投带来的潜在利益冲突。

首先，缓解科创企业融资难题。传统间接融资方式无法为科创企业提供充足有效的资金支持。科创板的设立意在对科创企业提供直接融资，缓解其融资难、融资贵问题，有效支持科创企业的发展。此举作为资本市场的增量改革，增强了对创新企业的包容性和适应性，有助于资本市场的长期健康发展。

其次，增强定价合理性。科创板的跟投制度，在一定程度上形成了对保荐机构定价的约束，增强 IPO 定价的合理性。尽管投行进行高定价能获得更多承销费，但同时投行也倾向于以较低的发行价拿到配售份额，最终在双向利益的博弈下争取合理定价，平衡了发行人和投资者的利益。从更深远的意义来讲，投行直投自己所保荐的新股，有利于其更好地承担资本市场定价功能，提高资本市场长期估值的合理性。

再次，最大化投资银行增值服务。科创板的跟投制度将使得我国投行业务模式发生改变。券商将不仅关注 IPO 等前期操作，而且在后续日常经营中对上市公司形成约束，落实督导、企业需求识别、经营顾问等事项，真正实现全价值链的增值服务。从长远来说，此种投行业务模式的转变会对证券公司行业格局产生积极影响。在证券公司向金融综合服务商转变的过程中，也将改变同质化竞争的市场格局，催生真正经过市场洗礼、具备核心竞争力的世界一流投资银行。

最后，有效规避潜在利益冲突。当投资银行跟投科创板上市公司后，为防范研究部门分析师道德风险，需要通过健全证券公

司内部控制制度，规范分析师的研究及报告撰写行为。一方面，
证券公司投行部门和研究部门之间应当设置"隔离墙"，控制敏感
信息在部门之间的不当流动，并设置敏感信息泄露时的处理措施，
以尽量减少利益冲突。另一方面，避免投行业务对研究报告产生
直接或间接影响。

三、"保荐+跟投"制度的制衡

2019 年 7 月 22 日，科创板盛大开市。据统计，首批 25 家科
创板上市企业承销及保荐费用总计达 18.82 亿元，有 14 家保荐券
商旗下另类投资子公司参与跟投，累计跟投 13.74 亿元。

"保荐+跟投"制度制衡下，保荐机构难以只做"一锤子买
卖"，投资收益更难以"一锤定音"。着眼长远，为了更好地发力
科创板，证券公司将更为审慎地开展科创板项目评估，并协调投
行与另类子公司、研究院等部门的利益，统筹做好收益分配。

（一）承销保荐情况

上海证券交易所科创板上市并正式挂牌交易的首批 25 家企业
背后的承销保荐费用"账单"情况如何？

Wind 数据统计，在 14 家参与保荐的证券公司中，中信建投
证券股份有限公司保荐家数最多，为 5.5 家（其中 1 家为联合保
荐），华泰联合证券有限责任公司保荐 3.5 家（其中 1 家为联合保
荐），中信证券股份有限公司保荐 3 家，中国国际金融股份有限公
司、国信证券股份有限公司、海通证券股份有限公司各保荐 2 家，
招商证券股份有限公司、兴业证券股份有限公司、申万宏源证券
股份有限公司、南京证券股份有限公司、东兴证券股份有限公司、

安信证券股份有限公司各保荐 1 家，华菁证券有限公司和国泰君安证券股份有限公司联合保荐 1 家。

作为首批上市的"巨无霸"企业，中国铁路通信信号股份有限公司（以下简称"中国通号"）抢下承销保荐费头筹。

从承销及保荐费上看，Wind 数据显示，中国通号募资总额 105.3 亿元，系募资总额最多；承销及保荐费用也最高，为 1.49 亿元，其保荐机构为中金公司。澜起科技股份有限公司（以下简称"澜起科技"）承销及保荐费用最低，为 3559.84 万元。

从费率方面来说，首批 25 家企业承销保荐费率均值为 6.85%。承销保荐费用最高的公司，并非费率也最高。也就是说，对于保荐机构来说，个别项目存在"赔钱赚吆喝"的情况。

譬如中国通号、澜起科技的承销保荐费率分别只有 1.4%、1.27%，远低于上述 25 家企业的承销保荐费率均值，而且中国通号、澜起科技的承销保荐费率还在 25 家企业中垫底。

（二）券商跟投情况

科创板项目顺利 IPO 后，承销费用虽然到手，但保荐机构难言"落袋为安"。由于科创板采取"保荐+跟投"的制度安排，至少另类子公司投进去的资金还没有收回成本。

按照《上海证券交易所科创板股票发行与承销业务指引》，由券商另类投资子公司参与战略配售，跟投的比例为发行人首次公开发行股票数量 2%—5% 的股票，按照发行规模具体分为四档。

据统计，在 14 家保荐券商中，保荐企业家数最多的是中信建投证券，跟投总金额达 2.26 亿元。

科创板首秀当日，14 家券商的另类投资子公司获得不菲投资浮盈。据统计，截至 2019 年 7 月 22 日收盘，14 家另类投资子公司获配的首批科创板上市股票市值合计高达 32.41 亿元，较此前按发行价计算的获配金额总额高出 18.68 亿元。

跟投制度制约下，投行难以只做"一锤子买卖"。两年之后的股价如何变动，在保荐机构看来，当下依然是悬而未决的事情。

武汉科技大学金融证券研究所所长董登新认为，保荐跟投制度是一种双重约束，除了纯粹的信用背书外，保荐机构还需要扎扎实实用真金白银来跟投，可有效制约保荐人参与信息造假等风险行为。在科创板跟投制度下，保荐机构有更强的驱动力，将企业的真实经营情况摸得清清楚楚，既是对自己负责，也是对投资者负责。

（三）更为审慎筛选项目

着眼长远，为了更好地发力科创板，做好科创板项目评估，与另类子公司、研究院等部门协同推进，便成为证券公司重要的案头议程。

以国金证券股份有限公司（以下简称"国金证券"）为例，科创板"保荐+跟投"的机制促使其投行部门更加审慎地筛选项目，优中选优，从源头保证项目质量，把控风险。相较于主板、中小板和创业板，投行部门对于科创板 IPO 项目的立项，提出了更高的要求。

在立项申请材料上，国金证券要求将《关于科创属性符合科创板定位要求的专项说明》《关于发行人预计市值的分析报告》作为立项申请必备的材料，督促项目组在前期项目承揽过程中即做好项目企业科创属性的核查、判断和评估。在此过程中，也鼓励项目组加强与行业研究部、资本市场部的沟通协作。在立项决策程序上，加大了行业研究部门的介入，研究员事先开展项目企业和行业的分析研究，在立项会议上发表专业意见，并作为委员参与立项评估。

兴业证券在科创板项目评估方面，将借助公司金融研究院在行业和公司研究方面的专业，并协同相关部门做好质控和风控工作，选择真正拥有核心技术和创新能力的公司进行科创板股权融资服务，推动科创板项目顺利进行。

在此基础上，兴业证券的投行和另类子公司将分别从各自的角度对项目进行评估，一般来说，投行比较关注标的的合规、内控、盈利能力及其发展前景，另类子公司则关注标的估值。

（四）统筹协调各方利益

科创板大背景下，对于投行、另类投资子公司、研究所、资本市场部等各方利益，证券公司如何协调？如何确定项目利润分配比例？

关于投行与另类子公司之间的关系，以国金证券为例，从分工角度来看，各自独立研判项目是否符合科创板相关条件；从合作角度来看，需经过不同专业研究后综合判断项目是否符合科创板定位及审核要求；在分工与合作情况下，公司选择出的企业更符合国家战略、市场要求、科创板定位，符合公司利益最大化。

项目完成后，投行主要取得项目承销和保荐收入；项目的投资收益则主要归属于另类子公司，考虑到投行向另类子公司提供了项目投资资源，另类子公司可以根据其制度规定、结合项目收益情况给予投行一定的收益分成。

研究所在投行科创板项目保荐承销过程中，参与了项目内核评估、投资价值研究、分析师路演推介等工作，在独立客观的基础上协助投行推进项目。在项目完成后，投行向研究所支付协作报酬。资本市场部在科创板项目发行定价过程中的作用较目前的主板、中小板和创业板项目更大，对整个项目的贡献度提高，因此，公司会适当调整项目奖励在前、中、后台间的分配比例。

四、战略配售制度

在 IPO 发行中引入战略投资者，是境外资本市场的常见做法。

(一) 战略配售要求

科创板支持发行人有序开展战略配售，《业务指引》在总结前期既有案例和境外市场相关规则的基础上，明确了战略投资者的数量、基本条件和资质要求。

一是从概括性要素与主体类别两个方面设置了条件资格，规定了战略投资者的条件和资质要求，并明确禁止各类利益输送行为。

二是进一步压实发行人和中介机构的责任，要求发行人和主承销商应当在询价前向上交所报备，并在发行公告中披露战略投资者具体名单和承诺认购金额，要求主承销商和律师就战略投资者是否符合资质要求、是否存在禁止性情形进行核查，并披露专项核查意见。

《业务指引》还限定了首次公开发行股票战略投资者家数。具体为，首次公开发行股票数量 4 亿股以上的，战略投资者应不超过 30 名；1 亿股以上且不足 4 亿股的，战略投资者应不超过 20

名；不足 1 亿股的，战略投资者应不超过 10 名。另外，科创板还将设置超额配售选择权。

(二) 对各方的考验

科创板战略配售制度虽然已经建立，但在科创板新股发行中，其战略配售是否会受到战略投资者的青睐，无疑是一个值得关注的问题。独立财经撰稿人曹中铭认为，科创板的战略配售制度，将对各方形成考验。

对于发行人而言，履行必要的信息披露义务是其职责，战略投资者也可通过发行人披露的信息，作出是否参与配售的决定。战略投资者是否参与战略配售，取决于发行人本身的质地、是否拥有核心技术、业绩、公司治理、成长性等多个方面。如在首批获受理的 9 家企业中，有一家企业属于亏损企业，且亏损额度并不小。这样的企业，对于战略投资者是没有吸引力的，战略投资者参与配售的可能性并不大。

对于保荐机构而言，战略配售机制将考验其定价能力。根据相关规定，科创板新股发行价格、规模、节奏等主要通过市场化方式决定，以强化市场约束。科创板新股发行价格不再受 23 倍市盈率的限制，而且由于科创板是一个全新的板块，挂牌企业都属于高新技术产业或战略性新兴产业，因而其平均估值不仅高于沪深主板、中小板，也会高于创业板。基于此，科创板新股是存在高价发行的可能的。

科创板发行价格如何，将影响到发行人的融资状况。如果发行价格偏低，将无法满足发行人的融资需求，发行人不会满意，对保荐机构也会产生负面影响。如果发行价格偏高，由于保荐机构需要跟投（战略配售），且战略配售股票是有限售期的，解禁后一旦股价低于配售价格，跟投出现亏损也是可能的。因此，发行价格偏高，将存在保荐机构的保荐收入无法弥补配售股份亏损的可能，保荐机构将落得"赔了夫人又折兵"的结局，保荐也就没有意义了。

战略投资者参与战略配售，最大的不确定性其实在于有锁定期安排。对于战略投资者而言，战略配售将考验其分析能力、研究能力、投资决策能力等。企业是否值得投资、行业发展趋势与前景如何、发行价格是否合理，都是战略投资者需要重点关注的对象。战略投资者如果不具备上述几个方面的能力，而盲目参与配售，结果则不容乐观。

（三）优先配售

《业务指引》进一步细化了发行定价和配售程序，鼓励发行人和主承销商重视中长期投资者报价的理念，并鼓励向中长期投资者优先配售。

一是在网下询价方面，明确发行人和主承销商应当充分重视公募产品、社保基金、养老金、企业年金基金、保险资金和合格境外机构投资者资金6类对象长期投资理念，鼓励对这6类产品合理设置具体参与条件，披露这6类产品剔除最高报价部分后剩余报价的中位数和加权平均数，引导其按照科学、独立、客观、审慎的原则参与网下询价。

二是在网下发行配售方面，鼓励优先向公募产品、社保基金、养老金、企业年金基金和保险资金优先配售。向公募产品、社保基金、养老金、企业年金基金和保险资金外的其他投资者进行分类配售的，还应当保证合格境外机构投资者资金的配售比例不低于其他投资者。

五、最重要的中介机构

为规范证券公司承销上交所科创板首次公开发行股票、网下投资者参与科创板首次公开发行股票网下询价和申购业务，加强行业自律，保护投资者的合法权益，中国证券业协会于 2019 年 5 月 31 日发布实施《科创板首次公开发行股票承销业务规范》（以下简称《业务规范》）。《业务规范》主要从规范询价、定价、配售等方面压实中介机构责任。

一是加强对承销商的内部控制规范。要求承销商构建分工合理、权责明确、相互制衡、有效监督的投行类业务内部控制体系，控制业务风险，做实质控部门的职责，提升内控的有效性。

二是加强对推介和销售等环节的业务规范。增加战略投资者路演推介环节，明确战略投资者一对一路演推介时间、路演推介内容及纪律要求，加强对公开路演、现场路演的自律管理，引入律师事前培训环节。

三是加强对承销商发行定价、簿记建档的行为规范。要求承销商在发行承销工作中切实防范道德风险，严肃做好簿记建档工作，加强现场工作人员的行为规范。

四是加强投资价值研究报告的专业规范。提高对报告的内容、风险因素分析、估值方法和估值结论的要求，建立健全投资价值研究报告的综合评价体系，进一步提高投资价值研究报告的客观性和公信力，引导市场理性定价。

五是加强对科创板承销商的自律规范。明确承销工作的事前、事中、事后报送要求，加强自律规则执行情况检查和落实，加大自律惩戒处罚力度，完善与中国证监会行政处罚的衔接。

　　在《业务规范》发布实施的同时，中国证券业协会有关部门负责人表示，在上交所设立科创板并试点注册制是实施创新驱动发展战略、深化资本市场改革的重要举措。中介机构和市场主体归位尽责和自律规范是实施注册制的基础。证券公司作为最重要的中介机构，要充分认识在这场影响深远的改革中肩负的责任和使命，在当前证券行业发展的重要关口，不忘初心、牢记使命，切实做到敬畏市场、敬畏法治、敬畏专业、敬畏风险，认真落实各项业务规则要求，不断提升投资银行专业能力，塑造行业核心竞争力，推动行业迈向高质量发展。

【小贴士】　新股配售经纪佣金标准

　　2019年4月16日，上交所发文称，引入新股配售经纪佣金的制度，有助于引导主承销商在定价中兼顾发行人与投资者利益，平衡发行人和投资者的关系，加大对投资者的报价约束，促进一级市场投资者向更为专业化的方向发展，同时也有助于承销商形成服务投资者的理念、培养长期客户、促进销售能力。

　　根据中国香港证券市场经验，新股配售经纪佣金收取比例为新股获配金额的1%。考虑到科创板首次引进新股配售经纪佣金制度，为进一步促进主承销商自主决策、自主约定的理念，《业务指引》规定了承销商向获配股票的战略配售者、网下投资者收取的佣金费率应当根据业务开展情况合理确定，佣金费率收取应当遵守行业规范。

科创板开市交易前，科创板自律委员会曾就促进科创板开板初期企业平稳发行提出行业倡导建议：合理确定新股配售经纪佣金标准，形成良性竞争。经充分评估承销商在发行承销工作中的收益和投入匹配性，建议对战略投资者和网下投资者收取的经纪佣金费率由承销商在 0.08%—0.5% 的区间内自主确定，推动形成行业惯例，避免恶性竞争。

第三节　基金公司

基金管理公司即专门负责管理基金的基金管理人之一。公募基金管理人包括基金管理公司、证券公司、证券资产管理公司、资产管理公司等。私募基金管理人一般是指私募证券投资基金管理人、私募股权与创投基金管理人、其他私募基金管理人等。

公募基金、社保基金甚至外资等中长线资金的引入，有利于科创板实现投融资平衡，一、二级市场平衡，以及公司的新老股东利益平衡。

同时，科创板为私募基金带来资本盛宴，从一级市场资本角度来看，科创板对"募投管退"整个链条均有影响，整体有利于促进创业投资生态发展。

一、公募基金

本节所讨论的公募基金，主要指基金管理公司，即管理以公开募集资金的方式设立的证券投资基金的公司。公募基金作为中小投资者参与科创板的主要方式受到广泛关注。由于科创板股票的涨跌幅、上市机制都与A股其他板块有所区别，既有的公募基金如何参与科创板成了值得探讨的问题。

（一）如何参与科创板

前文已经提到，网上新股申购的主要参与者为个人，而网下新股申购的主要参与者为机构。

上交所在2019年3月2日发布的相关问答中表示：经向监管机构了解，现有可投资A股的公募基金均可投资科创板股票，前期发行的6只战略配售基金也可参与科创板股票的战略配售。

从科创板的新股申购询价规则来看，公募基金作为主要询价对象，对询价定价的结果具有举足轻重的影响力，与科创板加强机构投资者尤其是公募基金的询价定价约束力的基本原则相契合。

按照《上海证券交易所科创板股票发行与承销业务指引》的相关规定，科创板新股发行均可采取战略配售，其中保荐机构必须参加，发行人高管与核心员工可选择参与。同时，制度鼓励并引入中长线机构投资者，压实各参与主体责任，充分发挥战略投资者在信号传递上的正面作用。

据易方达基金管理有限公司战略配售基金的基金经理付浩介绍，为了更好地把握科创板战略配售的投资机会，为广大投资者获取更高的投资收益，易方达基金管理有限公司成立了专门的科创板投资小组，对科创板企业全面深度覆盖。一方面，通过重点研究相关行业的领先市场技术和商业模式演进，力求准确判断投资标的所处的行业阶段、竞争格局、演变趋势和未来市场发展空间等，从而实现专业、理性、客观的估值定价。另一方面，除了积极把握投资机会以外，非常重视投资风险管理，会充分考虑其在发行定价、上市交易和退市制度等方面的特点，以及这些特点带来的风险因素。

在科创板运行初期，有市场准入门槛要求，中小投资者无法直接参与科创板；但可通过投资公募基金等方法，借助具备专业估值定价能力和丰富投研资源的机构投资者的力量，分享科技创新型企业的发展成果。

（二）参与优势

根据此前发布的《上海证券交易所科创板股票发行与承销实施办法》，可以看出公募基金参与科创板优势明显。比如，其中提到，应当安排不低于本次网下发行股票数量的40%优先向公募产品、社保基金和养老金配售。另外，对网下投资者进行分类配售的，同类投资者获得配售的比例应当相同。公募产品、社保基金、养老金、企业年金基金和保险资金的配售比例应当不低于其他投资者。

普遍来看，通过公募基金投资科创板，被市场认为是一种切实可行的方式，其主要具备获配比例、投资研究能力、低投资门槛等方面的优势。

公募基金在科创板股票的获配比例上较个人投资者直接参与有更大优势，采用封闭运作形式的公募基金更是个人投资者参与科创板股票战略配售的主要途径。根据上交所发布的规定，在科创板首次公开发行股票应当安排不低于网下发行股票数量的50%优先向公募产品、社保基金、养老金等机构进行配售。

以苏州华兴源创科技股份有限公司（以下简称"华兴源创"）

为例，华兴源创网下最终发行的 2700 万股股票中，69 家公募基金公司共获配 2000 多万股，约占网下最终发行数量的 76%、约占总发行量的 51%。此外，采用封闭运作形式的公募基金可以作为战略投资者参与科创板股票配售，扣除向战略投资者配售部分后再确定网下、网上发行比例。

同时，作为资本市场上重要的机构投资者，公募基金具有更专业的投资研究能力。公募基金经过多年的发展已经建立了覆盖各个细分行业的投资研究团队，能够更客观地评估科创板股票的价值，作出专业的投资决策。

此外，工银瑞信基金管理有限公司产品管理部负责人黄榕认为，公募基金作为面向公众募集的普惠金融产品，能够成为连接个人投资者和科技创新企业的重要载体。对于未满足"50 万元，24 个月"条件的个人投资者，公募基金低至 1 元的投资门槛为这些客户提供了投资科创板的良好途径，有助于个人投资者通过中长期投资分享科技创新企业带来的投资回报。

（三）投资难点

在参与科创板的投资过程中，公募基金也曾"犯过难"。

国泰基金管理有限公司（以下简称"国泰基金"）科创板业务相关负责人认为，科创板的投资难点主要来自三个方面：其一，许多科创企业都属于新兴领域，在 A 股市场上没有对标公司；其二，科创板的询价报价市场化程度较高，十分考验基金公司的研究能力；其三，科创板企业发展的不确定性整体上比其他板块上市公司更高，对投资者的投资经验和风险承受能力要求更高。

在个股的挑选和定价上，国泰基金由研究领域覆盖新材料、医药、智能制造、新能源等科创板块的资深研究员，对拟上市的科创企业进行初步研究，筛选重点公司，在研究员估值定价报告的基础上，确定公司网下申购价格。

与以往不同的是，科创板 IPO 定价高度市场化，报价最高的 10% 和低于初步询价结果下限的报价，都将成为无效报价而被剔除。据安信证券股份有限公司统计，首批 25 家科创板企业平均有效报价占比仅为 76%。

整体来看，就科创板首批上市 25 家企业打新情况而言，公募基金的打新入围率较高，鹏华基金管理有限公司、国泰基金管理有限公司、易方达基金管理有限公司、华夏基金管理有限公司、南方基金管理股份有限公司等大型基金公司平均入围率超 80%。其中，鹏华基金和国泰基金表现最为亮眼，入围率分别为 100% 和 91.75%。

鹏华基金稳定收益投资部基金经理李韵怡说道："我们内部对科创板比较重视，针对个股的研究做了充分的准备工作，内部的研究员会在科创板股票发行前撰写研究报告，沟通公司的基本情况。新股定价团队成员有超过 10 年的询价定价经验，这次报价有借鉴以前的一些经验。"

"大部分的机构资金可能更倾向于打新，但科创板打新也有不确定因素"。广发基金策略投资部副总经理李巍认为，这种不确定因素主要来自以下两个方面。

第一，从交易规则来看，科创板上市前 5 个交易日不设涨跌幅限制，而且 6 类中长线资金对象中 10% 的账户锁定期为半年，导致科创板打新能否获取收益存在不确定性。

第二，从公司基本面来看，打新是否能获得收益取决于公司实力和治理水平。如果这些公司的治理明显好于现有的中小板、创业板科技企业，短期之内，大家可能会给出比现有的中小板、创业板相对高一些的估值；但如果公司自身质量并没有期待的那么好，估值又处于较高水平，那么在新的交易规则下，资金参与交易博弈也会体现出不同的特点。

基金公司在个股挑选时，关键还是要更好地把握公司基本面，然后结合公司具体的估值情况谨慎做出决策。因为它的波动会更大，如果判断失误，带来的损失和风险将会很大。

科创板出现个股破发情况后，公募基金的参与热情虽然并未大幅回落，但明显更为谨慎。

2019年12月上市的建龙微纳新材料股份有限公司成为科创板首日破发第一股，另有5只个股出现破发。公募基金仍然非常看好科创板的机会，积极参与打新等投资，但选股会更严格。

德邦基金管理有限公司经理吴昊认为，科创板早期出现一些估值泡沫和大幅度的波动都属于正常情况，与2009年创业板开板类似，投资者会逐步回归理性。

申万菱信基金管理有限公司科创板业务相关负责人认为，一些科创板股票出现破发情况，反而会使投资者在打新上更趋于专业化，更注重基本面。整体来讲，科创板具有长期投资价值，但在选股上，应根据市场以及板块的发展情况，从股票的基本面、股票的核心价值出发去选择。

（四）收益比较

2019年4月，华宝证券管理有限公司研究创新部对常见几类公募基金参与科创板打新、配售收益的情况进行过分析，包括战略配售基金、科创板打新基金及普通基金等类别，思路可供投资者参考。

1. 战略配售基金

在参与空间方面，战略配售基金作为公募基金中的战略配售主体，享有比普通公募基金更优先的分配权，并且由于当前多数战略配售基金的持仓为债券，仓位上为科创板预留了很大的空间，战略配售基金在科创板上的参与值得期待。

在收益贡献方面，仓位较低也意味着短期内净值上涨幅度可能较小。此外，由于战略配售基金普遍规模在 200 亿元左右，庞大的规模使得配售收益被摊薄至 1% 以下，配售贡献不占优势。由此可见，科创板配售收益不构成战略配售基金的主要收益来源，将战略配售基金作为获取配售收益的工具并不合适。

在折价问题方面，2019 年 3 月 21 日，嘉实基金管理有限公司、招商基金管理有限公司、汇添富基金管理股份有限公司、华夏基金管理有限公司、易方达基金管理有限公司和南方基金管理股份有限公司共 6 只战略配售基金开通了跨系统转托管业务。开通跨系统转托管业务的目的为提高战略配售基金的流动性，已经成功转入场内的基金份额可以直接在二级市场交易，转托管时间一般为 T+2 个工作日。对于投资者而言，战略配售基金上市交易一方面带来了流动性的便利，很大程度上消除了 3 年封闭的困扰，而另一方面则面临上市后的折价交易。3 月 29 日，战略配售基金正式上市交易。由于战略配售基金的特殊性和稀缺性，截至 7 月 22 日折价多在 3% 左右，折价较为有限。从买方的角度看，折价提供的吸引力较为有限。

2. 科创板主题基金

在科创板全套规则发布之际，科创板主题基金也在申报进程中。截至 2019 年 3 月 25 日，23 家基金公司上报的 33 只科创板主题基金受理，其中 18 只为 3 年封闭运作灵活配置，2 只为 2 年封闭运作灵活配置，均为公募基金作为战略配售主体直接参与新股战略配售的品种；其余 13 只为普通科创板主题基金。

（1）作为配售主体的科创板主题基金

在收益贡献方面，根据测算，对于同样规模为 5 亿元的基金，战略配售主体科创板公募基金由于有更优先的配售权，参与科创板配售的贡献比普通基金多 1% 左右；如果均为最佳配售规模 1 亿元，战略配售主体科创板公募基金比普通公募基金的配售收益在最乐观的假设下高 4%，在收益上更具有优势。

在流动性问题与基金经理本身能力方面，3 年封闭期仍然为流动性问题带来了困扰。此外，由于科创板市场化询价的定价方式及上市前 5 个交易日不设涨跌幅限制，意味着科创板的打新无风险收益将降低，收益波动将加大，基金经理在打新的同时更需要充分发挥选股能力。基金公司在成长科技类投研方面的投入及基金经理本身科技投资方面的经验将成为决定科创板打新基金表现的重要方面。

（2）普通科创板主题基金

此类基金不拥有战略配售主体的身份，因此在配售优先权上与普通偏股公募基金一致。但是作为聚焦于科创板投资的基金，此类基金收益来源除科创板打新外，还有一部分是投资于科创板股票的长期收益。科创板有严格的退市机制和放开的交易机制，因此基金经理的选股能力对于此类基金的业绩起到非常重要的作用。

3. 普通偏股型公募基金

除上述类型基金外，普通偏股型公募基金（包括正在审批中的科创板主题普通打新基金）也是参与科创板的 A 类账户成员。此类基金的投资业绩一方面取决于基金产品本身的定位，另一方面取决于基金经理本身的投资能力。根据产品定位不同，可将此类基金分为三种类型进行讨论。

一是权益仓位较低品种。对于此类品种，科创板打新可构成一部分收益增强的来源，规模较小的品种在打新收益增强上更占据优势。因此，在科创板上市的初期，挑选打新策略为主要增强手段、规模相对较小、权益基金经理在成长股投资方面有一定经验的低仓位品种，预计会有更好的效果。

二是高仓位、成长风格主动偏股基金。此类基金以选股为主或有打新增强策略。由于科创板的新定价及交易机制大大增加了科创板打新的风险，基金经理的选股能力起到更加重要的作用，因此，在成长科技股方面投资业绩佳的基金经理所管理的产品也是参与科创板的一个潜在选择。

三是高仓位、大盘蓝筹风格主动偏股基金。此类基金的管理人通常在科技股方面能力较为有限，因此在科创板的选股方面不占据优势；此外，部分大盘风格的明星基金经理管理的产品规模较大，在打新增强收益方面也面临较大的摊薄。

（五）参与近况

作为资本市场机构力量的典型代表，公募基金在科创板市场上的作用不可小觑。从科创板开板至今，公募基金始终是科创板重要的参与者，也是其发展历程的见证者。截至 2020 年 6 月 15 日，已有 112 只科创板股票公布网下打新结果。统计数据显示，共有近 2800 只基金产品成功获配科创板新股，132 家公募基金全程参与，获配新股总金额逾 418 亿元。

公募基金亦十分重视科创板的布局。东方财富 Choice 数据显示，2020 年一季报中，101 家科创板公司前十大流通股股东名单中出现公募基金身影，共有 1561 只基金产品重仓 101 只科创板个股，持仓数量合计约 2.3 亿股，对应持仓市值逾 190 亿元。

一年来，科创板整体运行平稳，板块补足并凸显科技产业链属性，定价效率也较高。科创板新股，亦为相关主题基金的净值增长贡献不菲力量。展望未来，伴随市场常态化运行，公募基金参与热情越发提高，持有科创板的市值亦有望进一步提升。

二、私募基金

按照中国证券投资基金业协会的分类，私募基金管理人主要可以分为如下几类：一是私募证券投资基金管理人；二是私募股权与创业投资基金管理人；三是其他私募投资基金管理人；四是私募资产配置类管理人。本节讨论的主要是前两种类别。

（一）私募证券投资基金

1. 参与条件

按照《科创板首次公开发行股票网下投资者管理细则》的相关规定，私募基金管理人注册为科创板首发股票网下投资者，应符合以下条件：

（1）已在中国证券投资基金业协会完成登记。

（2）具备一定的证券投资经验。依法设立并持续经营时间达到两年（含）以上，从事证券交易时间达到两年（含）以上。

（3）具有良好的信用记录。最近 12 个月未受到相关监管部门的行政处罚、行政监管措施或相关自律组织的纪律处分。

（4）具备必要的定价能力。具有相应的研究力量、有效的估值定价模型、科学的定价决策制度和完善的合规风控制度。

（5）具备一定的资产管理实力。私募基金管理人管理的在中国证券投资基金业协会备案的产品总规模最近两个季度均为 10 亿元（含）以上，且近三年管理的产品中至少有一只存续期两年（含）以上的产品；申请注册的私募基金产品规模应为 6000 万元（含）以上、已在中国证券投资基金业协会完成备案，且委托第三方托管人独立托管基金资产。其中，私募基金产品规模是指基金产品资产净值。

（6）符合监管部门、协会要求的其他条件。

此外，私募基金管理人参与科创板首发股票网下询价和申购业务，还应当符合相关监管部门及自律组织的规定。私募基金管理人已注销登记或其产品已清盘的，推荐该投资者注册的证券公司应及时向协会申请注销其科创板网下投资者资格或科创板配售对象资格。

2. 打新策略

科创板已成为网下打新主要的收益来源。2019 年 7 月至 2020 年 3 月，科创板网下打新实现总收益 818 亿元，超同期主板、中小板、创业板收益之和的 6 倍。

从制度设计来看，科创板向专业机构投资者倾斜较为显著，网下打新不再允许个人和非专业机构投资者参与。同时，科创板大幅提高了私募基金的准入门槛，使符合要求的 C 类投资者数量大幅减少。截至 2020 年 3 月底，参与科创板网下询价且提供有效报价的投资者数量平均为 320 家，远低于主板、中小板及创业板（超过 2000 家）。

由于符合网下打新条件的 C 类投资者数量大幅减少，使得最终科创板 A、B、C 三类投资者平均中签率更趋均衡。统计数据表明，科创板 C 类投资者中签率为 A、B 类投资者平均中签率的 85.4%，而主板、中小板、创业板的这一数据分别为 44.6%、31.1%、37.8%。

（二）私募股权投资基金

1. 打通退出渠道

私募股权投资（Private Equity）主要指以非公开方式募集股权资本，以盈利为目的，以财务投资为策略，以未上市公司股权（包括上市公司非公开募集的股权）为主要投资对象，在限定时间通过股权增值和退出实现收益。

狭义的私募股权投资指对已形成一定规模并发生稳定现金流的成熟企业的股权投资，主要是指创业投资后期的私募股权投资部分。广义的私募股权投资指为非上市企业提供股权资本，包括企业首次公开发行（IPO）前各阶段的股权投资，形式上包括创业投资（Venture Capital）、发展资本、并购基金、Pre-IPO 资本等。后文中的私募股权投资则是指后者。

在科创板推出前，股权投资机构一直苦于投资项目"退出难"。而随着科创板的推出，私募股权投资基金新的退出渠道被打通。

国投创合基金管理有限公司总经理刘伟表示，科创板推动了私募股权投资基金早期投资资本的流动性。过去一个项目投资了七八年仍然没有退出通道，常常是采取对赌回购等方式退出，这种方式对于创始人和企业都是很大的压力，也会影响企业家创造性的发挥，现在有了系统性改革，并购也能有价格体现了，IPO也有渠道了，整个资本市场的流动性增加了，长期来看有利于有技术含量的企业发展。

2. 调整投资策略

于股权投资机构而言，科创板对其投资方向、整体投资策略的调整均产生影响。

毅达资本创始合伙人、董事长应文禄指出，2019年，从一级市场到二级市场，科技投资、科技股都是市场争相追逐的热点，涨幅明显。未来，私募股权投资基金将从过去的模式创新类真正转向技术创新、科技创新类的投资，这些对于实体经济的健康、高质量发展将起到重要作用。从科创板和注册制的试点，到资本市场的一系列改革，传递出一个积极信号：资本市场的包容性和创新性在增加。过去以盈利为导向的IPO标准未来会转向"持续创新能力""持续经营能力"的验证，投资机构如果不及时调整思路，转变策略，很可能就在这一次资本市场的改革中被抛弃。

在刘伟看来，科创板给早中期、初创期项目一个公开的相对公允的市场定价，承认了这些企业的技术、产品有价值。当对它们的价值承认从个体行为变成行业行为，就说明创新型企业获得了价值认可，创投机构的投资对价也获得了认可，这是中国资本市场过去缺失的。此外，科创板在方向上主要支持关键核心技术、科技创新，这对于从事技术创新领域的投资有很大促进作用。

3. 退出回报率可观

投中研究院于 2020 年年初发布的数据显示，2019 年，共有 215 家具有私募股权投资机构背景的中国企业实现上市，IPO 账面退出回报规模为 12714.23 亿元；其中包含 63 家科创板上市企业，仅 6 家背后未出现私募股权投资机构的身影。科创板企业退出回报总规模为 1090.19 亿元，占退出总回报的 8.57%。

4. 减持政策松绑

中国监管层正在通过对私募股权放宽减持要求，以加大对实体经济的支持力度。这为股权投资机构提供了更加通畅的退出和再投资渠道。

2020 年 3 月 6 日，中国证监会先后发布了《转板上市指导意见（征求意见稿）》和《上市公司创业投资基金股东减持股份的特别规定》，上海证券交易所、深圳证券交易所同步修订实施细则，3 月 31 日正式实施。

这对符合条件的科创企业在科创板上市以及私募股权基金的退出都是重大的利好，能畅通"投资—退出—再投资"的良性循环，更好地发挥私募股权投资基金对于支持中小企业、科创企业创业创新的作用。

【小贴士】 私募股权投资机构如何把握科创板机遇

正心谷创新资本合伙人厉成宾认为，一是要坚持投资于核心技术而不是商业模式，主动聚焦高新技术赛道、调整投资逻辑、提升投资认知等硬性能力。

二是要有终局思维。很多投资机构在企业上市后急于退出分红；但其实经济及企业都具有成长周期，很多企业上市后才开始飞速成长。因此，投资机构应该坚持价值投资，把握产业发展的脉络，具备产业终局思维，做好内部组织体系，建设有效合伙人文化。

第五章

个人投资者

第一节　个人投资者如何参与

作为个人投资者，如何能够抓住资本市场的机遇，真正参与到科创板中来呢？参与科创板的方式与途径又有哪些呢？

一、参与方式

整体来看，个人投资者参与科创板的方式，市场较为认可的主要有直接投资和间接投资两种。具体来看，每种参与方式又分为几类不同的途径。

（一）直接参与

部分个人投资者可直接参与科创板投资，前提须满足证券账户及资金账户内的资产日均不低于人民币 50 万元、具备 24 个月以上证券交易经验等条件。个人直接参与的途径是网上配售打新和二级市场交易。

个人投资者参与科创板股票交易，应当符合下列条件。

第一，资产要求。申请权限开通前 20 个交易日证券账户及资金账户内的资产日均不低于人民币 50 万元（不包括该投资者通过融资融券融入的资金和证券）。

第二，交易经历。参与证券交易 24 个月以上。

第三，其他要求。通过券商适当性综合评估，上交所规定的其他条件。

网上配售新股的供给方面，科创板面向个人投资者的新股发行比例为 20%—30%，低于现有 A 股市场。需求方面，一是符合三项条件能参与科创板"打新"的个人投资者数量或将少于 300 万人；二是可申购数量方面，1 万元沪市股票可以申请 1000 股，但最高申购数量不得超过当次网上初始发行数量的千分之一。

对于个人二级市场科创板投资，东北证券研究总监付立春提醒，投资者要有充分的理念和专业上的准备。因为科创板市场可能会出现一些新特点。

一是科创板新股阶段收益率相对而言可能大幅下降，损失的概率上升，一、二级市场利差缩小甚至倒挂。

二是科创板市场波动剧烈，投资者间博弈可能高频、激烈。

三是科创板初期可能会有炒作成分，股市可能很火爆，之后成熟期结果分化，形成"二八效应"和"马太效应"。

四是进行投资要进行深入的研究甚至尽职调查。

五是风控核心要求更强、更突出。

六是更新投资逻辑，如果还用 A 股的投资方法，风险可能会很大。

（二）间接参与

从科创板相对较高的投资者门槛来看，间接投资或是个人投资者参与科创板的最主要方式。间接投资分为被动投资和主动投资两类。

间接被动投资，主要是通过社保基金、国有大型基金、养老金、企业年金基金、保险资金等途径。这些基金在资金运用中，可以介入科创板的战略配售、线下配售以及在二级市场交易阶段配置科创板的资产。

间接主动投资，主要是通过公募基金或其他金融产品的形式，有意识地、积极有为地参与到科创板的一、二级市场当中。除了公募基金，个人间接参与科创板投资的途径还包括私募基金和金融产品等。这需要对机构、管理者、资产内容等有更深入全面的理解把握。而这些途径在科创板配售阶段的优先级并不高。

二、打新方式

个人投资者参与科创板打新，目前有三种方式可供选择（见表5-1）。

表5-1　个人投资者参与科创板打新的三种方式

	网上申购	网下申购	战略配售
面向投资者	（1）具备资格的个人投资者 （2）不符合网下申购的机构投资者	（1）7类机构，含证券公司、基金管理公司、信托公司、保险公司、财务公司、合格境外	（1）发行人相关企业 （2）发行人高管与核心员工资产计划 （3）保荐机构相关子公司

续表

	网上申购	网下申购	战略配售
面向投资者		机构投资者、符合一定条件的私募基金管理人 （2）其中网下发行数量的50%会优先向公募产品、社保基金、养老金、企业年金基金、保险资金等机构配售	（4）有长期投资意愿的大型保险或国家级大型投资基金或其下属企业 （5）特定产品（战略配售公募基金） （6）其他符合规定的战略投资者
锁定期	无	无	（1）战略配售机构12个月 （2）券商子公司跟投锁定24个月
份额比例	扣除战略投资者配售的股数后，新发行股数的60%—80%	比例大幅提升，扣除战略投资者配售的股数后，新发行股数的20%—40%	（1）发行1亿股以下不超过发行股数总量的20% （2）1亿股以上不超过发行股数总量的30%
参与人数	根据测算符合条件人数超过300万人	超过4000家	（1）4亿股以上，不超过30名 （2）1亿—4亿股，不超过20名 （3）不足1亿股，不超过10名
个人投资者参与方式	通过证券账户直接参与打新	购买可投资A股并采用相应投资策略的公募基金	可供选择的产品有限

资料来源：华泰证券研究报告、上交所、中国证监会公告。

（一）个人通过网上申购直接参与科创板打新

该方式的优点是直接参与新股申购，所得回报即是科创板打新回报；缺点是参与门槛较高，竞争激烈，配售比例较低，适合有投资经验与资金的投资者。

对于直接参与网上申购的投资者，监管部门也作出了明确的打新门槛安排。其中资产门槛为申请权限开通前 20 个交易日证券账户及资金账户内的资产日均不低于人民币 50 万元（不包括该投资者通过融资融券融入的资金和证券）；经验门槛为参与证券交易 24 个月以上。监管层作出的上述打新门槛安排，可以说将不少投资者挡在了门外，但投资者仍有其他方式可以参与到科创板打新中来。

（二）通过投资公募基金等产品网下申购打新

对于该投资方式，参与门槛低，可选择基金多，科创板新股配售比例向机构投资者倾斜；但由于参与机构较多，产品最终收益来源于多个方面。适合有意向适度参与科创板打新的普通投资者。

在目前 A 股的打新规则中，只有 10% 的股票是用于网下投资者配售的，其余 90% 都是用于网上发行，因此，投资公募基金，通过网下申购参与科创板打新，是不错的选择。具体来看，目前可投资 A 股的公募基金均可投资科创板，但投资比例会有所差异。

（三）通过战略配售基金参与科创板打新

优点在于投资目的明确，锚定科创板，较网上及网下申购优先进行配售；但可供选择的产品有限，需要把握新发产品档期积极参与，通常有封闭期。

科创板企业商业模式较新、技术领先，但业绩或需要一定的孵化时间，相应也需要投资者具有更长远的投资眼光，才能分享中国经济转型、科技升级的成果。因此，该种方式适合长期看好科创板投资前景，想最大限度参与科创板投资的长线投资者。

三、入场准备

开市后的科创板，交易整体已趋于常态及平稳。为了更好地帮助投资者认识科创板的入场风险，海通证券曾于 2019 年 6 月发文称，个人投资者应做好以下三方面准备。

一是做好价值投资的准备。投资者要分享科技创新成果、分享科创企业的成长红利，必须要做好价值投资的准备，作出投资决策前，要把精力聚焦在甄别上市企业质量上。

投资者可以通过市场中介机构分析报告、媒体相关报道，了解科创企业所处的行业情况、商业模式及未来发展；也可以通过招股说明书，了解企业的核心技术、财务状况、经营情况等。投资者要学会通过这些信息，对企业的价值作出基本判断。

同时，投资者要关注科创企业的信息披露，通过市场公开的信息了解企业、发现问题、挖掘价值。投资者可关注上市环节中的审核问询，通过上交所与企业之间的一问一答，更详细了解企业情况；可从专家的问询中学会如何正确解读企业披露的信息，并学会对这些信息进行分析，作出理性的投资判断。

二是加强风险防范意识。除了要强化价值投资的理念，投资者更应加强风险防范意识，控制投资风险。

首先，投资者要充分了解科创板企业本身的风险。如科创板企业具有非盈利上市，估值难度大，退市时间短、速度快等特点，这些风险注意事项，投资者要吃准吃透，充分理解。

其次，要防范交易风险。科创板股票的交易规则与主板存在较大差异，包括前 5 个交易日不设涨跌停、5 个交易日后涨跌停幅度调整为20%、引入盘后固定价格交易等，投资者需要尽快熟悉这些交易规则，避免委托废单造成投资损失。

三是充分评估风险承受能力后选择参与模式。投资者要对自己的风险承受能力进行充分评估，确保已做好参与科创板股票交易的准备。如果投资门槛、风险承受能力、专业要求达不到直接投资科创板股票的，可以通过购买基金的方式参与，通过专业机构投资者进行科创板的间接投资，通过专业机构参与科创板首发募集等，更好地分散投资风险。

第二节　个人投资者进阶（一）

科创板新股发行流程，包括战略投资者确定、初步询价、网上路演、投资者申购、网上摇号与网下初步配售、缴款、募集资金验资、办理股份登记等。个人投资者符合申购条件，即可参与科创板新股网上申购。同时，对于参与科创板二级市场交易，个人投资者需掌握一些常见的交易细节。

一、科创板新股申购

个人投资者参与科创板新股申购，需提前掌握一些必备的基础知识。

（一）申购条件

投资者参与科创板网上申购需满足以下几方面条件。

首先是权限方面，符合科创板投资者适当性条件，且已开通科创板股票交易权限。

其次是市值方面，符合关于持有市值的要求，即持有上海市场非限售 A 股股份和非限售存托凭证总市值在 1 万元以上（含 1 万元）。

（二）额度计算

根据《上海证券交易所科创板股票发行与承销实施办法》，网上投资者根据其持有的市值确定网上可申购额度，每 5000 元市值可申购一个申购单位，不足 5000 元的部分不计入申购额度。

个人投资者参与科创板新股申购，如何计算其持有的市值？

计算个人投资者持有的市值，应按照《上海市场首次公开发行股票网上发行实施细则（2018 年修订）》（以下简称《实施细则》），以投资者为单位，按其 T-2 日（T 日为发行公告确定的网上申购日，下同）前 20 个交易日（含 T-2 日）的日均持有市值计算；投资者持有多个证券账户的，多个证券账户的市值合并计算，但不合格、休眠、注销证券账户不计算市值。

（三）申购时间

个人参与网上申购的时间：网上申购日 T 日，网上申购时间为 9：30 至 11：30，13：00 至 15：00。

T 日确定是否启动回拨机制及网上网下最终发行数量，进行网上申购配号。

T+1 日刊登《网上中签率公告》，进行网上申购摇号抽签。

T+2 日刊登《网下初步配售结果及网上中签结果公告》。

（四）申购数量

每 5000 元市值（沪市主板市场为每 1 万元市值）可申购一个申购单位，不足 5000 元的部分不计入申购额度。

以申购华兴源创为例，根据其计划，投资者需在 2019 年 6 月 25 日前 20 个交易日满足日均沪市市值 1 万元以上的要求。因为华兴源创此次顶格申购量不超过网上初始发行股数的千分之一，即不超过 7500 股，如果想顶格申购，则需配上 7.5 万元的沪市市值。投资者可在 6 月 27 日进行新股申购委托，7 月 1 日公布中签结果和缴款操作。

（五）回拨比例

科创板股票网上发行比例、网下向网上回拨比例等与目前沪市主板存在差异，投资者应在申购环节充分知悉并关注相关规则。

为强化对科创板网下机构投资者报价的约束，引导各类投资者理性参与，上交所一方面明确参与询价的机构投资者参与网下发行，并提高了科创板网下发行配售数量占比。具体表现为：公开发行后总股本不超过 4 亿股的，网下发行比例提高至不低于本次公开发行股票数量的 70%，公开发行后总股本超过 4 亿股或者发行人尚未盈利的，网下发行比例提高至不低于本次公开发行股票数量的 80%。

另一方面，降低了网下初始发行量向网上回拨的力度，回拨后网下发行比例将不少于 60%；同时，为保障个人投资者等网上投资者的最低申购比例，回拨后网下发行比例不超过 80%。

（六）申购账户

根据《实施办法》和《实施细则》的规定，在申购时间内，网上投资者按照委托买入股票的方式，以发行价格填写委托单进行申购。一经申报，不得撤单。同时，投资者只能使用一个证券账户参与网上公开发行股票的申购。如果同一投资者使用了多个证券账户参与同一只科创板新股的申购，或者投资者使用了同一证券账户多次参与同一只科创板新股申购，那么，以该投资者的第一笔申购为有效申购，其余申购均为无效申购。

（七）申购资金

根据《证券发行与承销管理办法》《实施办法》《实施细则》的规定，网上投资者在提交科创板新股网上申购委托时，无须缴付申购资金。在申购新股中签后，投资者应依据中签结果履行资金交收义务，确保其资金账户在 T+2 日日终有足额的新股认购资金。

举例而言，投资者在 T 日进行网上申购时无须缴付申购资金，应于 T+2 日 16:00 前及时足额缴纳新股认购资金及相应的新股配售经纪佣金。

投资者认购资金不足的，不足部分视为放弃认购，由此产生的后果及相关法律责任，由投资者自行承担。网上投资者连续 12 个月内累计出现 3 次中签后未足额缴款的情形时，自中国证券登记结算有限责任公司上海分公司收到弃购申报的次日起 6 个月（按 180 个自然日计算，含次日）内不得参与新股、存托凭证、可转换公司债券、可交换公司债券的申购。

（八）定价参与

科创板采用向战略投资者定向配售（即战略配售）、网下向符合条件的网下投资者询价配售（即网下发行）与网上向持有上海市场非限售 A 股股份和非限售存托凭证市值的社会公众投资者定价发行（即网上发行）相结合的方式进行。

2019 年 6 月 19 日，上交所官网发文称，科创板新股发行价格、规模、节奏等坚持市场化导向，询价、定价、配售等环节主要由机构投资者参与。

考虑到科创板对投资者的投资经验、风险承受能力要求更高，不同于沪市主板市场，科创板新股发行取消了直接定价方式，全面采用市场化的询价定价方式。发行人和保荐机构（主承销商）通过网下初步询价直接确定发行价格，网下不再进行累计投标询价。

首次公开发行询价对象限定在证券公司、基金管理公司等 7 类专业机构投资者，对个人投资者来说是无法直接参与发行定价的，即个人投资者不得参与网下初步询价及网下发行，可参与网上发行。

（九）打新的风险与机遇

不同于沪深两市原有板块的打新，科创板采取市场化询价方式，发行定价机制的市场化程度更高。投资者不管选择参与网上打新还是网下打新，风险和收益皆需要重新做好评估。

广大中小投资者参与科创板，首先应改变新股稳赚不赔的预期。

复旦大学泛海国际金融学院执行院长、金融学教授钱军表示，科创板各方关注度高，信息海量庞杂，处理与投资相关信息的能力成为关键，在做谨慎选股逻辑判断的同时，还应研判券商研究所的分析师是否存在利益冲突，以及判断所发布的研究报告是否客观中立等。

打新股含有运气成分，成功打新不一定会对投资者带来积极的影响。部分打中新股的投资者，随后还伴随交易次数的上升。然而，在过多买卖的前提下，大概率也会出现亏损。一是交易本身存在成本；二是散户在获取信息方面存有一定劣势。

同时，网下打新的难度在增加。

华夏3年封闭战略配售基金的基金经理张城源认为，过去网下打新基金和机构投资者大多都能获配一定份额新股；但是科创板不同，过高的价格会被剔除，投资者无法获配股票，而价格过低，低于最终确定的发行价，也可能无法获配股票。只有部分对于新股的投资机会、企业质地、估值水平、所属行业情况有全面深入理解的投资者，才能在网下打新中获配份额。对于网上投资者，没有这么大的差别，网上投资者更多是按一定概率来获配股票。

在原有的打新制度下，企业发行的整体市盈率相对处于较低水平，上市之后往往出现连续涨停。投资者一般会选择在涨停板打开的时候卖出股票，这是一个明确的卖出信号，并且投资收益往往相当可观，这也是过去很多投资者提到的"新股不败"。与之不同的是，科创板采用市场化定价，发行价格未必是非常低的水平，上市之后面临的股价涨跌的波动风险可能比原来更大，或许不是连续涨停的状态，还有可能破发。所以，对于无论是网上打新还是网下打新的投资者，其风险都比原来更大。

另外，交易制度的变化对于打新收益也会造成明显的影响。由于上市前5个交易日不设涨跌幅限制，之后涨跌幅限制为20%，所以在打新过程中，部分投资者会有很好的收益，而部分投资者存在亏损的可能。

值得注意的是，2020 年以来，科创板的新股在开盘后，屡次出现暴涨的情况。"新股不败"的行情有所升温，截至 2020 年 2 月 27 日，科创板共 90 家新股上市。从首日涨幅来看，1 月、2 月新股上市首日均表现较好，平均涨幅达 155%、254%。

从新股供需角度来看，2019 年 9 月开始，新股供给加快，10 月新股发行节奏进入新常态，供给总量快速提升，9 月至 12 月新股的首日涨幅逐渐降至 100% 以下，个别新股首日甚至出现破发的情况。而科创板新股上市首日破发的出现，给打新科创板蒙上了一层浓厚的阴影。但在进入 2020 年 1 月之后，新股供给速度减缓，首日涨幅有所回升。

随着科创板新股供给的加大，或将对现阶段的"新股不败"形势产生一定的冲击，投资者需要理性参与打新，提前做好防范。

二、股票交易特别规定

《上海证券交易所科创板股票交易特别规定》对于科创板参与条件及交易规则提出了一些具体规定。在参与交易前，投资者应认真阅读并了解科创板股票交易特别规定，知晓其与沪市主板市场交易规则的差异。

科创板企业业务模式较新、业绩波动可能性较大、不确定性较高，为防止市场过度投机炒作、保障流动性，科创板股票交易设置了差异化的制度安排，诸如适当放宽涨跌幅限制、调整单笔申报数量、上市首日开放融资融券业务、引入盘后固定价格交易等。

此外，科创板还对连续竞价阶段的限价订单设置了有效申报价格范围的要求，对科创板的市价订单申报要求填写买入保护限价或者卖出保护限价。对此，投资者应当予以关注。

（一）涨跌幅度

科创板股票竞价交易实行价格涨跌幅限制，涨跌幅比例为 20%。

科创板股票涨跌幅价格的计算公式为：涨跌幅价格＝前收盘价×（1±涨跌幅比例）。

首次公开发行上市的股票，上市后的前 5 个交易日不设价格涨跌幅限制。

（二）申报数量

不同于沪市主板市场，投资者通过限价申报买卖科创板股票，单笔申报数量应当不小于 200 股，且不超过 10 万股。投资者通过市价申报买卖的，单笔申报数量应当不小于 200 股，且不超过 5 万股。

投资者参与盘后固定价格交易提交的收盘定价申报买卖的，单笔申报数量应当不小于 200 股，且不超过 100 万股。

申报买入时，单笔申报数量超过 200 股的部分，可以以 1 股为单位递增，如 201 股、202 股等。申报卖出时，单笔申报数量超过 200 股的部分，可以以 1 股为单位递增。余额不足 200 股时，应当一次性申报卖出，如 199 股需要一次性申报卖出。

（三）申报价格

投资者买卖科创板股票，其申报价格应当符合价格涨跌幅限制的相关规定以及《上海证券交易所科创板股票异常交易实时监控细则（试行）》的要求，否则，为无效申报。

科创板股票申报价格最小变动单位依据股价高低，实施不同的申报价格最小变动单位，具体事宜由上交所另行规定。

（四）账户选择

投资者参与科创板股票交易，应当使用沪市 A 股证券账户。符合科创板适当性条件的投资者仅需向其委托的证券公司申请，在已有沪市 A 股证券账户上开通科创板股票交易权限即可，无须在中国结算开立新的证券账户。

（五）交易方式

投资者可以通过竞价交易、盘后固定价格交易、大宗交易的方式参与科创板股票交易。

与主板不同，科创板引入了盘后固定价格交易方式。盘后固定价格交易，指在收盘集合竞价结束后，上交所交易系统按照时间优先顺序对收盘定价申报进行撮合，并以当日收盘价成交的交易方式。

投资者在进行交易方式的选择时需注意，不同交易方式的交易时间、申报要求、成交原则等存在差异。

（六）连续竞价

1. 科创板投资者限价买入申报的有效价格范围

在连续竞价阶段，如果投资者通过限价申报买入科创板股票，其申报价格不得高于买入基准价格的 102%。

举个例子，投资者小王想买入科创板股票 A，如果此时既无即时揭示的最低卖出申报价格，也无即时揭示的最高买入申报价格，而股票 A 的最新成交价为 10.00 元/股，那么，小王的买入申报价格就不得高于 10.20 元/股（10.00×102%）。

2. 科创板投资者限价卖出申报的有效价格范围

如果投资者通过限价申报卖出科创板股票，其申报价格不得低于卖出基准价格的98%。

举个例子，投资者小王打算卖出所持有的科创板股票 B，如果此时无即时揭示的最高买入申报价格，仅有即时揭示的最低卖出申报价格，为10.00元/股，那么，小王的卖出申报价格就不得低于9.80元/股（10.00×98%）。

3. 市价申报买卖科创板股票的申报内容

投资者在连续竞价阶段，通过市价申报的方式买卖科创板股票，申报内容应当包括买入保护限价或者卖出保护限价。其中，买入保护限价是投资者能接受的最高买价；卖出保护限价是投资者能接受的最低卖价。

上交所交易系统处理投资者提交的买卖科创板股票的市价申报时，一方面，买入申报的成交价格、市价申报转为限价申报的申报价格都不高于买入保护限价，也就是投资者能够接受的最高买价。另一方面，投资者卖出申报的成交价格、市价申报转为限价申报的申报价格不低于卖出保护限价，也就是投资者能够接受的最低卖价。

（七）盘后固定价格交易

1. 时间规定

盘后固定价格交易时间是每个交易日的15：05至15：30，当日15：00仍处于停牌状态的股票不进行盘后固定价格交易。

上交所接受交易参与人收盘定价申报的时间为每个交易日9：30至11：30、13：00至15：30。接受申报的时间内，未成交的

申报可以撤销。撤销指令经上交所交易主机确认方为有效（见表
5-2）。

表 5-2　盘后固定价格交易的交易时段和申报时间相关规定

交易时段	具体时间（交易日）
开盘集合竞价	9：15 至 9：25
连续竞价	9：30 至 11：30 13：00 至 14：57
收盘集合竞价	14：57 至 15：00
盘后固定价格交易	申报时间 9：30 至 11：30 13：00 至 15：30
	交易时间 15：05 至 15：30

　　需要提醒投资者注意的是，开市期间停牌的科创板股票，停
牌期间可以继续申报。停牌当日复牌的，已接受的申报参加当日
该股票复牌后的盘后固定价格交易。当日 15：00 仍处于停牌状态
的，交易所交易主机后续不再接受收盘定价申报，当日已接受的
收盘定价申报无效。

　　2. 投资者如何参与

　　投资者通过盘后固定价格交易买卖科创板股票的，应当向证
券公司提交收盘定价委托指令。收盘定价委托指令应当包括：证
券账户号码、证券代码、买卖方向、限价、委托数量等内容。

　　3. 盘后固定价格交易的成交原则

　　盘后固定价格交易阶段，上交所以收盘价为成交价、按照时

间优先原则对收盘定价申报进行逐笔连续撮合。

需投资者关注的是，若收盘价高于收盘定价买入申报指令的限价，则该笔买入申报无效；若收盘价低于收盘定价卖出申报指令的限价，则该笔卖出申报无效。

盘后固定价格交易的收盘定价申报当日有效。

（八）融资融券

与沪市主板市场不同的是，科创板股票自上市首日起可作为融资融券标的，提醒投资者应注意相关风险。

证券公司可以按规定借入科创板股票，具体事宜由上交所另行规定。

（九）资产认定

关于证券账户及资金账户内资产，其具体认定标准如下。

1. 可用于计算个人投资者资产的证券账户，应为中国证券登记结算有限公司开立的证券账户，以及投资者在证券公司开立的账户。中国证券登记结算有限公司开立的账户包括 A 股账户、B 股账户、封闭式基金账户、开放式基金账户、衍生品合约账户及中国证券登记结算有限公司根据业务需要设立的其他证券账户。可用于计算投资者资产的资金账户，包括客户交易结算资金账户、股票期权保证金账户等。

2. 中国证券登记结算有限公司开立的证券账户内的下列资产可计入投资者资产：股票，包括 A 股、B 股、优先股、通过港股通买入的港股和股转系统挂牌股票；公募基金份额；债券；资产支持证券；资产管理计划份额；股票期权合约，其中权利仓合约按照结算价计增资产，义务仓合约按照结算价计减资产；上交所认定的其他证券资产。

3. 投资者在证券公司开立的账户的下列资产可计入投资者资产：公募基金份额、私募基金份额、银行理财产品等。

（十）特殊情形

上市公司出现下列情形之一的，上交所决定终止其股票上市：

1. 通过上交所交易系统连续 120 个交易日实现的累计股票成交量低于 200 万股；

2. 连续 20 个交易日股票收盘价均低于股票面值；

3. 连续 20 个交易日股票市值均低于 3 亿元；

4. 连续 20 个交易日股东数量均低于 400 人；

5. 上交所认定的其他情形。

上述交易日，不包含公司股票停牌日和公司首次公开发行股票上市之日起的 20 个交易日。

上市公司出现下列情形之一，明显丧失持续经营能力，达到本规则规定标准的，上交所将对其股票启动退市程序：

1. 主营业务大部分停滞或者规模极低；

2. 经营资产大幅减少导致无法维持日常经营；

3. 营业收入或者利润主要来源于不具备商业实质的关联交易；

4. 营业收入或者利润主要来源于与主营业务无关的贸易业务；

5. 其他明显丧失持续经营能力的情形。

投资者应当审慎开展股票交易，不得滥用资金、持股等优势进行集中交易，影响股票交易价格正常形成机制。可能对市场秩序造成重大影响的大额交易，投资者应当选择适当的交易方式，根据市场情况分散进行。

第三节 个人投资者进阶（二）

虚假申报、拉抬打压股价等异常交易行为，严重影响科创板股票交易秩序，损害投资者合法权益。

2019年6月，上交所发布《上海证券交易所科创板股票异常交易实时监控细则（试行）》（以下简称《细则》），从交易机制完善、交易信息公开、会员协同监管、异常波动及异常交易监管等方面综合施策，防范市场大幅波动。

公开股票异常交易监控标准，是上交所科创板交易监管工作的一项重大创新，在境内和境外成熟市场尚属首次，标准公开践行了科创板审核公开化、透明化的概念，就是让市场明确规则和红线，将暗线变为明线。

在有序参与科创板交易的同时，个人投资者还需明确投资企业的一些重要事项。

一、异常波动

（一）自律管理

为维护科创板股票交易秩序，保护投资者合法权益，上交所对于科创板股票交易实行实时监控和自律管理，对违反《细则》规定的投资者、证券公司采取相应的监管措施或者纪律处分，对于涉嫌内幕交易、市场操纵等违法违规行为，依法上报中国证监会查处。

（二）盘中异常波动

根据《细则》，在科创板股票竞价交易中，属于盘中异常波动的情形包括以下几方面：

一是无价格涨跌幅限制的股票盘中交易价格较当日开盘价格首次上涨或下跌达到或超过30%的；

二是无价格涨跌幅限制的股票盘中交易价格较当日开盘价格首次上涨或下跌达到或超过60%的；

三是中国证监会或者上交所认定属于盘中异常波动的其他情形。

若科创板股票出现盘中异常波动的情形，上交所将对其实施盘中临时停牌。

（三）盘中临时停牌

科创板股票竞价交易中出现盘中异常波动，上交所根据《细则》实施盘中临时停牌时，遵循以下规定：

一是单次盘中临时停牌的持续时间为10分钟；

二是停牌时间跨越14:57的，于当日14:57复牌（举个例子，某科创板股票从14:50开始盘中临时停牌，若持续10分钟，则盘中临时停牌时间跨越了14:57，那么它将于14:57分复牌）；

三是盘中临时停牌期间，可以继续申报，也可以撤销申报，复牌时对已接受的申报实行集合竞价撮合。

（四）异常波动

在科创板股票竞价交易中，下述情形属于异常波动：

一是连续3个交易日内日收盘价格涨跌幅偏离值累计达到

±30%；

二是中国证监会或者上交所认定属于异常波动的其他情形。

对于上述异常波动情形，上交所将公告该股票交易异常波动期间累计买入、卖出金额最大 5 家会员营业部的名称及其买入、卖出金额。投资者可登录上交所官方网站了解。异常波动指标自上交所公告之日起重新计算。

（五）严重异常波动

科创板股票竞价交易出现下列情形之一的，属于严重异常波动：

一是连续 10 个交易日内 3 次出现同向异常波动情形；

二是连续 10 个交易日内日收盘价格涨跌幅偏离值累计达到 +100%（-50%）；

三是连续 30 个交易日内日收盘价格涨跌幅偏离值累计达到 +200%（-70%）；

四是中国证监会或者上交所认定属于严重异常波动的其他情形。

对于科创板股票交易出现严重异常波动情形的，上交所将公告严重异常波动期间的投资者分类交易统计等信息。如果科创板股票交易出现严重异常波动的多种情形的，上交所一并予以公告。严重异常波动指标自上交所公告之日起重新计算。

无价格涨跌幅限制的股票不纳入异常波动及严重异常波动指标的计算。

此外，上交所可以根据市场情况，调整异常波动和严重异常波动的认定标准。

二、异常交易

（一）异常交易类型

投资者参与科创板股票交易，应当遵守法律法规、上交所业务规则的规定和证券交易委托协议的约定，不得实施异常交易行为，影响股票交易正常秩序。根据《细则》规定，科创板股票异常交易行为包括以下类型：

一是虚假申报，以引诱或者误导其他投资者的交易决策的；

二是拉抬打压，导致股票交易价格明显上涨（下跌）的；

三是维持股票交易价格或者交易量；

四是自买自卖或者互为对手方交易，影响股票交易价格或者交易量的；

五是严重异常波动股票申报速率异常；

六是违反法律法规或者上交所业务规则的其他异常交易行为。

（二）异常交易认定

根据《细则》规定的异常交易行为类型，上交所结合申报数量和频率、股票交易规模、市场占比、价格波动情况、股票基本面、上市公司重大信息和市场整体走势等因素，通过定性与定量分析，认定投资者的异常交易行为。

投资者的科创板股票交易行为虽未达到相关监控指标，但接近指标且反复多次实施的，上交所可将其认定为相应类型的异常交易行为。此外，上交所可以根据市场情况调整科创板股票异常交易行为监控标准。

（三）异常交易指标计算

对投资者以本人名义开立或者由同一投资者实际控制的单个或者多个普通证券账户、信用证券账户以及其他涉嫌关联的证券账户（组）的申报金额、数量、成交量及占比等，在认定投资者的异常交易行为时是合并计算的。

（四）异常交易监控指标计算

如果投资者同时存在买、卖两个方向的科创板股票交易申报或者成交，那么，按照单个方向分别计算相关申报数量、申报金额、成交数量、成交金额、全市场申报总量等指标。

（五）虚假申报

在科创板股票交易中，虚假申报是指投资者不以成交为目的，通过大量申报并且撤销申报等行为，引诱、误导或者影响其他投资者正常交易决策的异常交易行为。

例如，在科创板股票开盘集合竞价阶段同时存在下列情形的，上交所将对有关交易行为予以重点监控：

一是投资者以偏离前收盘价5%以上的价格申报买入或者卖出；

二是累计申报数量或者金额较大；

三是累计申报数量占市场同方向申报总量的比例较高；

四是累计撤销申报数量占累计申报数量的50%以上；

五是以低于申报买入价格反向申报卖出或者以高于申报卖出价格反向申报买入；

六是股票开盘集合竞价虚拟参考价涨（跌）幅5%以上。

（六）虚假申报监控

在连续竞价阶段，上交所对哪些科创板股票交易中的虚假申报行为予以重点监控？

1. 在科创板股票交易的连续竞价阶段，如果投资者的交易行为多次、同时存在下列情形，并且累计撤销申报的数量占到该投资者累计申报数量的50%以上的，上交所将对有关交易行为予以重点监控：

一是在最优5档内申报买入或者卖出；

二是单笔申报后，在实时最优5档内累计剩余有效申报数量或者金额巨大，且占市场同方向最优5档剩余有效申报总量的比例较高；

三是申报后撤销申报。

2. 在科创板股票交易的连续竞价阶段，股票交易价格处于涨（跌）幅限制状态，如果投资者同时存在下列情形2次以上的，上交所将对有关交易行为予以重点监控：

一是单笔以涨（跌）幅限制价格申报后，在该价格剩余有效申报数量或者金额巨大，且占市场该价格剩余有效申报总量的比例较高；

二是单笔撤销以涨（跌）幅限制价格的申报后，在涨（跌）幅限制价格的累计撤销申报数量占以该价格累计申报数量的50%以上。

（七）拉抬打压股价

在科创板股票交易中，拉抬打压股价是指投资者进行大笔申报、连续申报、密集申报或者明显偏离股票最新成交价的价格申报成交，期间科创板股票交易价格明显上涨或者下跌的异常交易行为。

例如，在有价格涨跌幅限制的科创板股票的开盘集合竞价阶段，同时存在下列情形的，上交所将对有关交易行为予以重点监控：

一是成交数量或者金额较大；

二是成交数量占期间市场成交总量的比例较高；

三是股票开盘价涨（跌）幅5%以上。

（八）拉抬打压股价监控

在连续竞价阶段和收盘集合竞价阶段，上交所将对哪些拉抬打压科创板股票交易价格的行为予以重点监控？

1. 在科创板股票的连续竞价交易阶段任意3分钟内同时存在下列情形的，上交所将对有关交易行为予以重点监控：

一是买入成交价呈上升趋势或者卖出成交价呈下降趋势；

二是成交数量或者金额较大；

三是成交数量占成交期间市场成交总量的比例较高；

四是股票涨（跌）幅4%以上。

2. 在科创板股票的收盘集合竞价阶段同时存在下列情形的，上交所将对有关交易行为予以重点监控：

一是成交数量或者金额较大；

二是成交数量占期间市场成交总量的比例较高；

三是股票涨（跌）幅3%以上。

（九）限价交易

在科创板股票交易中，维持涨（跌）幅限制价格的异常交易行为是指投资者通过大笔申报、连续申报、密集申报，维持科创板股票交易价格处于涨（跌）幅限制状态的异常交易行为。

（十）限价交易监控

在科创板股票交易中，哪些维持涨（跌）幅限制价格的交易行为，上交所将予以重点监控？

1. 在连续竞价交易阶段同时存在下列情形的，上交所将对有关交易行为予以重点监控：

一是股票交易价格处于涨（跌）幅限制状态；

二是单笔以涨（跌）幅限制价格申报后，在该价格剩余有效申报数量或者金额巨大，占市场该价格剩余有效申报总量的比例较高，且持续 10 分钟以上。

2. 在收盘集合竞价阶段同时存在下列情形的，上交所对有关交易行为予以重点监控：

一是连续竞价结束时股票交易价格处于涨（跌）幅限制状态；

二是连续竞价结束时和收盘集合竞价结束时，市场涨（跌）幅限制价格剩余有效申报数量或者金额巨大；

三是收盘集合竞价结束时，收盘集合竞价阶段新增涨（跌）幅限制价格申报的剩余有效申报数量或者金额较大；

四是收盘集合竞价结束时，涨（跌）幅限制价格剩余有效申报数量占市场该价格剩余有效申报总量的比例较高。

（十一）自买自卖

在科创板股票交易中，自买自卖和互为对手方交易是指投资者在自己实际控制的账户之间或者关联账户之间大量进行股票交易，影响股票交易价格或者交易量的异常交易行为。

1. 科创板股票交易同时存在下列情形的，属于自买自卖的异常交易行为类型，上交所将对其予以重点监控：

一是在自己实际控制的账户之间频繁、大量交易；

二是成交数量占股票全天累计成交总量的10%以上或者收盘集合竞价阶段成交数量占期间市场成交总量的30%以上。

2. 科创板股票交易同时存在下列情形的，属于互为对手方交易的异常交易行为类型，上交所将对其予以重点监控：

一是两个或者两个以上涉嫌关联的证券账户之间互为对手方进行频繁、大量交易；

二是成交数量占股票全天累计成交总量的10%以上或者收盘集合竞价阶段成交数量占期间市场成交总量的30%以上。

（十二）申报速率异常

根据《上海证券交易所科创板股票交易特别规定》，投资者应当按照上交所相关规定，审慎开展科创板股票交易，不得滥用资金、持股等优势进行集中交易，影响股票交易价格正常形成机制。

严重异常波动股票申报速率异常，是指违背审慎交易原则，在股票交易出现严重异常波动情形后的10个交易日内，利用资金优势、持股优势，在短时间内集中申报加剧股价异常波动的异常交易行为。上交所将对股票交易出现严重异常波动情形后10个交易日内，连续竞价阶段1分钟内单向申报买入（卖出）单只严重异常波动股票金额超过1000万元的交易行为予以重点监控。

三、若干投资注意事项

投资者在参与科创板企业投资时，需要注意一些事项。中金公司的董事总经理钱凯认为，投资者应做好横向和纵向全面比较的功课，对科创板公司合理估值，把握重点行业的发展逻辑，抓住前沿投资机遇。

企业为投资者带来回报，主要是来自企业的发展和增长。但各个企业的发展动态可能不一样，行业格局、政策环境、市场环境的变化都可能对公司有重大影响。

在投资的过程中，不但应该关注企业的过去和当下，更要放眼未来，选择更可能持续增长、具有核心产品和持续性研发创新能力、能为大家带来回报的企业。这需要投资者做好功课，这样的企业通常的特点是有比较明显的持续性研发投入，产品可以不断升级换代，使得公司拥有比较明显的市场份额优势。

此外，随着产品规模扩大，公司毛利率可以呈现出明显的增长趋势，营销费用和管理费用率可以呈现下滑趋势，最终形成稳定增长的现金流入。除了公司自身的研究，我们还要分析和研究其所在的产业链上下游的发展情况，以及同类公司的对比，找出同类公司的优劣势、竞争格局。

另外，我们还要做海外对比，由于科创板公司的特点，这些公司的海外同类公司也许发展得更早，有的已经形成比较成熟的商业模式，我们可以从海外同类公司对比中总结海外公司的发展规律。只有做好这些对比，才能相对准确地判断一家公司的发展趋势和路径是否正确。

科创板的企业具有高科技含量、强创新基因的特点，在投资中，也体现为高风险、高回报的特点。很多企业的产品是否能够真正获得成功，还有待时间和市场的检验。

一些企业正处于转型升级期，传统业务可能发展平稳甚至下滑，新业务的成功与否也有待考证，因此估值就非常重要。建议投资者在对科创板公司进行估值的时候，使用相对估值法，而不是绝对估值法。

例如，云计算公司在不同生命周期适用于不同的估值方法，成长期使用较多的是 EV/S；进入成熟期，使用较多的是 EV/FCF；稳定期使用较多的是 DCF 或 PE。以美国云计算公司 Salesforce 为例，它在 2016—2018 年进入成熟期，这个时期比较适用 EV/FCF 这个估值方法，从我们的估值案例来看，这段时间卖方更多的是用这个方法给 Salesforce 进行估值的。可以发现，2016—2018 年这三年，Salesforce 的自由现金流平均增速在 30% 以上，因此 EV/FCF 的合理倍数就在 30 倍以上，其股价在这段时间基本上就是在这个水平。

因此，投资者需要对于科创板公司尤其是云计算公司进行合理估值，并且进行客观和冷静的投资。不要盲目追高，投资有风险，要谨慎选择发展前景优秀的公司进行投资。

行业方面，建议投资者从行业发展逻辑把握投资趋势，关注高潜力、高增长行业。

软件、云计算、物联网、信息安全等行业的企业往往面向 B 端客户提供服务或产品，尤其是依赖少数重要客户。提示投资者应格外重视重要客户的依赖风险，重点看客户所在行业及其自身发展情况，避免由于客户发生变化导致公司发生巨大风险。市场的有效性保证了优秀的企业能够获得更高更强的资本支持。

第四节　科创板主题基金选购

科创板的火爆，延伸到了科创基金上。自 2019 年 4 月 26 日开始，首批 7 只科创主题基金开始发售。据份额发售公告显示，7 只产品的首募上限规模合计为 70 亿元人民币，而实际募集的总规模超过 1200 亿元。

由于科创板上市的创新型企业本身具有高成长、高风险的特性，传统主板上市公司的估值逻辑在科创板企业上并不能完全套用，无形中进一步提高了对于个人投资者研究和鉴别能力的要求。

同时，对于个人投资者来说，科创板不再是"新股不败"的板块，它的风险比传统板块更高，通过专业机构投资者以及认购基金的方式来实现科创板打新和二级市场的投资，可能都是更好的选择。

受科创板高参与门槛等因素的综合影响，通过购买基金的方式间接参与科创板，将是大多个人投资者的优先选择，重要性不言而喻。不少投资者都是首次接触科创板基金，有些还是跟风购买，投资存在一定程度的盲目性。在种类繁多的科创板主题基金中，投资者如何挑选一只适合自己的科创板基金呢？

一、科创板主题基金分类

在挑选适合自己的科创板基金之前，首先需要了解科创板基金的大致分类。目前科创板主题基金，主要分为以下几类。

（一）科技创新基金

一般而言，这类基金从命名上可见端倪，名称中会带有"科技"、"科创"或者"科技创新"的字眼。而前文提到发售的 7 只基金，便是属于这一类基金。

该类基金要求至少 80% 的非现金基金资产投资于全市场的科技创新股票，但是并不限于科创板的股票。也就是说，在科创板还没有投资标的时，这类基金可以投资 A 股市场上面的科技创新类股票。当科创板正式成立后，这类基金既可以投资 A 股，也可以投资科创板。

科创板正式开市前，基金公司共成立了 3 批合计 18 只科创主题基金。2019 年 12 月中旬，交银施罗德等 11 家基金公司旗下的科创基金正式拿到批文，成为科创板开市以来首批获得批复的科创基金，也是第四批科创主题基金。

东方财富 Choice 数据显示，截至 2019 年年底，数据可统计的 16 只科创主题基金在下半年全部取得正收益，平均净值增长率约为 21.59%。不过，由于各只基金的持仓比例、投研策略等有所不同，业绩差异也较为明显。

方正富邦基金权益投资部副总裁方伟宁认为，投资科技创新主题基金相对于其他基金有两点优势：一是拟任科技创新主题基金的基金经理都要求具有丰富的科技创新产业投研经验；二是将股票投资占基金资产的比例限定在 60% 以上，并且其中投资于科技创新主题的相关股票的比例不低于非现金基金资产的 80%，对仓位以及投资范围都有了明确要求，可使得此类主题基金能够充分享受科技创新产业的发展红利。

（二）科创板基金

科创板基金是针对科创板，"根正苗红"的一类基金。在命名上，这一类基金会直接在名称中使用"科创板"三个字。一般来说，科创板基金是指基金资产至少80%以上甚至全部投资科创板股票，这与港股基金必须要有80%以上资产投资港股是类似的。

（三）战略配售基金

2018年，"独角兽"基金曾经火爆一时，包括易方达基金管理有限公司、嘉实基金管理有限公司、招商基金管理有限公司、汇添富基金管理股份有限公司、华夏基金管理有限公司和南方基金管理股份有限公司旗下的6只"独角兽"基金都属于战略配售基金，现在可以参与科创板的战略配售。不过，目前规定一家基金公司只能有一只产品参与战略配售。

战略配售是以锁定持股为代价获得优先认购新股的权利，赢得其他绝大部分投资者所没有的投资机会。其中，战略配售获得的股票持有期限不得少于12个月。

（四）普通公募基金

市场上现存的公募基金也是可以投资科创板企业的。公募基金一般可以通过打新参与各类企业的投资，也可以通过二级市场参与科创板企业的投资。只不过普通权益基金不一定将主要资金投资到科创板企业中去而已。

（五）基金中的基金（FOF）

基金中的基金未来可以通过配置科创板主题基金来实现对科创板公司的间接投资。

二、科创板主题基金选购策略

在纷繁复杂的科创板主题基金中，投资者如何选购符合自己需求的基金产品？有几个策略可供参考。

（一）明确基金分类的差异

选择一只科创板主题基金时，还要明确其是股票型还是混合型。其中，股票型基金在仓位上受限程度比较高，混合型基金仓位较为灵活。

具体而言，投资者亦须关注科创板主题基金的股票仓位情况。

第一种股票仓位为 60%—95%，被华夏基金管理有限公司、南方基金管理股份有限公司和嘉实基金管理有限公司三大基金公司所采用。

第二种股票仓位为 50%—95%，被易方达基金管理有限公司所采用，这两种都属于偏股混合基金。

第三种是股票仓位为 0%—95%，属于灵活配置型混合基金，被富国基金管理有限公司所采用。

第四种是股票仓位为 60%—100%，因为是 3 年封闭式产品，最高仓位可以达到100%，被工银瑞信基金管理有限公司所采用。

如果投资者希望基金经理可以通过仓位来应对波动，可以选择更为灵活的品种。

科创板的交易机制决定了其高风险、高收益的特征，如果投资者可以承受这样的风险，尽量选择产品特征更为纯粹的产品，也就是股性越纯正越好。但对于那些喜欢短期持有基金的投资者，一定要慎重。

未来，市场上会出现股票型、指数型的科创主题基金，投资者需根据自身风险承受能力选择适合自己的产品。

(二) 明确运作方式的差异

所谓运作方式的差异，就是指一只科创板基金是开放式运作，还是封闭式运作。

由此可把科创板主题基金主要分为两种，一种是开放式运作普通基金；另一种是三年封闭式基金，也称定期开放式基金。目前市场上科创板主题基金的固定锁定期普遍是三年。这是因为一方面，较长锁定期便于基金经理投资运作；另一方面，变现获配的战略配售股票需要更长的时间周期。

封闭式运作科创板基金其目标更集中在参与战略配售上。而对于开放式运作科创板基金而言，其投资对象包括整个 A 股市场的科技创新相关基金。

开放式运作科创板基金，将面临比现有开放式股票基金更大难度的投资运作压力。现有的开放式股票基金，投资对象是沪深股市 3000 多家上市公司，基金持股市值占流通市值的比例是 4% 左右，流动性方面几乎没有压力，交易机制较为成熟。

但是科创板并不一样，上市初期不设涨跌停板限制，之后每天涨跌幅限制从现在的 10% 扩大到 20%，这对开放式基金的每日资产组合估值提出了很高的要求。面对剧烈波动的科创板股票，如果每天资产组合估值不公允存在漏洞的话，极易引发巨额申购或巨额赎回。

相比而言，科创板主题基金中的封闭式产品有望获得更丰厚的打新收益。采用封闭式更有利于基金投资运作，但投资者也要综合考虑自己的资金使用期限。

南方基金管理股份有限公司权益研究部的总经理茅炜建议，作为投资者，购买定期开放式基金主要需注意以下三个方面。

第一，由于产品有相应锁定期，所以产品赎回比较困难，投资者需要非常明确自己用于购买该类产品的资金是闲置资金。比如购买科创板主题的封闭式基金，投资者基本需要确定资金未来三年大概率没有急用。

第二，这类基金因为有锁定期，虽然牺牲了一定的流动性，但是可以有效避免投资者频繁申购、赎回给资金规模带来冲击，可以让基金经理在更长维度上发挥主动性，制定中长期投资策略。但这一类基金，对基金经理主观投资能力有更高的要求。所以投资者在购买这类基金时，需要对基金经理中长期投资能力进行考察。投资者可以通过基金公司或者基金销售机构来获得相关信息。

第三，投资者购买定期开放式基金，没有必要每天关注基金净值波动。投资者可以每隔一段时间，比如两三个月，定期去查看基金净值变化。对于这类基金净值的变化应该更多去与基金业绩基准或者同类型基金作比较。

第四，如果对申购这类基金的资金有临时急需用途，投资者可以看产品是否已经开放转换功能。如果有转换功能，可以通过把基金转托管到证券公司，像股票一样在二级市场上卖出。但是有一点需要注意，由于获得流动性的补偿，这一类产品在二级市场卖掉的价格往往相对净值会有一定的折价。

整体而言，如果仅看好科技创新概念，可考虑科技创新混合基金；如果仅打算参与科创板打新，可优先选择战略配置基金；如果只想参与科创板投资，可选科创板三年封闭运作灵活配置混合基金。

(三) 明确基金的风险状况

对于投资科创板的相关基金而言，因为这些基金有比较大的比例投资科创板相关上市公司股票，无论是在发行阶段参与，还是在上市交易阶段参与，科创板股票本身的风险都较大，所以，科创板相关基金也有相对较高的投资风险。这要求投资者在申购科创板基金的时候，明确相关基金所具有的风险状况。

科创板投资和沪深交易所的三个板块有较大不同，突出体现在投资风险上。在鹏华基金管理有限公司稳定收益投资部总经理姜山看来，具体有四个方面的风险值得投资者关注。

一是估值的风险。科创板采取注册制，需要关注的是信息披露，而非盈利的确定性要求，这造成对科创板公司整体估值难度比以往的三个板块更高，不能单纯地用市盈率分析法这一常用估值方法，更多要考虑企业本身的特点，考虑信息披露的完整性，以及从其披露的信息中去判断公司未来发展情况，从而给出一个合适的估值。

二是发行定价的风险。科创板发行定价回到了市价发行，存在市价发行过程中对股票估值过高的可能，会导致发行后新股出现破发。这样的情形或许会经常出现，"新股不败"的情况会被打破，投资者在申购的时候可能也要有所选择。

三是交易的风险。科创板交易制度是前5个交易日没有涨跌幅限制，第6个交易日开始涨跌停板为20%。前5个交易日没有涨跌幅限制，可能一天涨百分之几百，也有可能一天跌百分之几十。对于投资人来说，这一风险波动因素明显大幅度增加。从第6

个交易日开始，涨跌幅相比其他三个板块放大一倍，在日常交易中，波动风险也明显加大。

四是退市的风险。科创板引入了多种多样的退市条款，科创板退市比例要远远高于 A 股其他板块。对投资者而言，认真了解上市公司本身价值，包括认真研读相关公告、研究公司所处行业发展情况，进而实时作出一个投资决断会变得非常重要，因为公司一旦出现退市，很有可能会出现血本无归的状况。

（四）综合考虑基金的投资实力

投资者还是要明确自己的主要投资目的，尤其要参考基金公司在权益投资方面的综合实力，因为科创板投资对基金的投研水平提出了更多更高的要求。投资者可比较公司旗下其他重点配置科技领域基金的业绩，以及投资科技领域的投研团队实力。

从各个方面来看，科创板都是全新的尝试，从报价机制到交易机制，再到监管层对拟上科创板企业的审批条件都是如此。这些都决定了科创板投资风险高于主板、中小板等板块，选股和投资难度也高于其他板块。因此，在投研和综合实力方面更胜一筹的头部基金公司，相对就具备了一定优势。

另外，基金公司往往有自己擅长的领域，或股票或债券，同为股票也可能会有精于价值投资或成长投资的区别。

基金经理亦如此，上至投资风格，下至擅长的行业，如若能够和科创板股票投资相契合，可以起到 1+1>2 的效果。从目前来看，科创板也许更适合善于新兴产业投资的基金经理，以及那些对信息技术、高端装备、医药生物等行业有研究功底的基金经理。

【小贴士】　打新基金择股小策略

　　华泰金融团队认为，科创板定价和交易机制使制度红利不再。但在科创板开板之初，考虑到首批上市企业资质较优、做空机制的执行力度、投行跟投和绿鞋机制对市场价格、流动性和预期的稳定作用，短期内科创板打新基金或有超额收益，但长期随着做空机制执行力度加大、企业资质分化，科创板打新基金的类固收收益将不复存在。

　　注册制下打新对择股要求大大提高，打新基金收益难以维持在相对稳定的类固收的收益水平。要提高科创板新股投资收益，需要提升择股要求，参照 A 股和港股市场化定价和交易机制下新股表现，建议优选市值小、相对可比行业估值低的新股。

第六章

投资者教育

考虑到科创板投资具有较大不确定性及较高风险性，加强投资者适当性管理建设，在优化投资者结构、增强投资者风险意识以及提升证券公司管理水平等方面，将发挥积极作用，并为科创板市场长远健康发展提供重要保障。

关于科创板，相信有很多投资者想进一步了解如何参与科创板投资交易。那么，上交所、证券公司如何参与落实投资者教育工作？哪些投资者可以参与科创板股票交易？科创板的投资者适当性制度具体如何安排？科创板的哪些风险需要投资者引起重视？

第一节　多方共促投资者教育

伴随科创板并试点注册制改革的落地，完善科创板投资者教育保护机制仍然是当前具有现实性和紧迫性的课题。证监系统、上交所、券商等多主体参与科创板投教工作，各方职责在肩，推进工作依然"任重而道远"。

一、证券公司投资者教育

证券公司是推进科创板投资者教育落地的中坚执行力量，亦是科创板市场风险防控的重要屏障。

2019 年 3 月，上交所在举办证券公司科创板投资者教育工作专题培训会时，对证券公司后续开展科创板投资者教育和适当性管理工作提出了如下要求。

设立科创板并试点注册制是大事，要把大事办成好事，第一要旨是做好风险防控。证券公司作为会员，要严把投资者交易权限开通关，做好适当性管理以及投资者教育工作，尤其是交易规则解读和风险事项揭示，通过开展"走近科创，你我同行"为主题的投资者教育专项活动等方式，持续引导投资者理性参与科创板股票交易，规范、细致做好设立科创板并试点注册制的市场准备，为这项重大改革平稳启动营造良好的市场环境。

3 月 19 日，上交所向各证券公司下发《关于科创板投资者教育与适当性管理相关事项的通知》，以规范科创板投资者教育与适当性管理工作，保护投资者权益。具体内容如表 6-1 所示。

表 6-1　上交所《关于科创板投资者教育与适当性管理
相关事项的通知》

序号	具体内容
1	制定科创板股票投资者适当性管理的相关工作制度
2	为符合条件的个人投资者开通交易权限

续表

序号	具体内容
3	开通前应核查个人投资者是否符合投资者适当性条件
4	制定《科创板股票交易风险揭示书》
5	及时向投资者转发或推送上交所投教资料
6	要求投资者签署《科创板股票交易风险揭示书》
7	通过线上线下多种交易服务渠道介绍业务规则并提示风险
8	在总部配备科创板业务培训讲师
9	通过多种渠道向投资者公示投诉渠道和处理流程
10	配合上交所落实投教相关工作的监督检查
11	违反规定将受到上交所监管措施或纪律处分

资料来源：上交所对券商开展投教工作要求的内容整理。

（一）会员应当严格按照《上海证券交易所科创板股票交易特别规定》的相关规定，制定科创板股票投资者适当性管理的相关工作制度，对投资者进行适当性管理。参与科创板股票交易（含发行申购）的投资者应当符合本所规定的适当性管理要求，会员不得接受不符合投资者适当性条件的投资者参与科创板股票交易。

（二）会员为个人投资者开通科创板股票交易权限的，个人投资者应当符合条件。

（三）会员为个人投资者开通科创板股票交易权限前，应当对个人投资者是否符合投资者适当性条件进行核查。

（四）会员应当对个人投资者的资产状况、投资经验、风险承受能力和诚信状况等进行综合评估，并将评估结果及适当性匹配意见告知个人投资者。

会员应当对上述评估结果和告知情况进行记录、留存。

（五）会员应当根据《上海证券交易所科创板股票交易风险揭示书必备条款》，制定《科创板股票交易风险揭示书》，提醒投资者关注投资风险。

会员为投资者开通科创板股票交易权限前，应当要求投资者签署《科创板股票交易风险揭示书》。

（六）会员应当制定本公司科创板投资者教育工作制度，统筹组织分公司、证券营业部等分支机构开展投资者教育工作，并根据投资者的不同特点和需求，对科创板投资者教育工作的形式和内容作出具体安排。

会员应当按照本所要求，及时向投资者转发或推送本所提供的有关科创板投资者教育的相关资料。

（七）会员应当通过公司官方网站、手机 APP、微信公众号等互联网平台，实体及互联网投资者教育基地，营业场所的投资者园地、公告栏，交易系统客户端及客服中心电话或短信等交易服务渠道，向投资者全面客观介绍参与科创板股票交易的法律法规、业务规则和主要交易风险，提示其关注科创板上市公司披露的信息、科创板股票在退市制度安排和涨跌幅限制等交易制度上与本所主板市场存在的差异事项，审慎参与科创板股票交易。

（八）会员应当在总部配备科创板业务培训讲师。培训讲师在参加本所组织的培训后，承担培训公司内部工作人员的职责，面向公司总部及分支机构工作人员开展业务培训。

（九）会员应当通过公司官方网站、手机 APP、营业场所的投资者园地、公告栏等多种渠道向投资者公示投诉渠道和处理流程，妥善处理纠纷，引导投资者依法维护自身权益。

会员应当完整记录投资者投诉受理、调查和处理的过程，并形成纸面或者电子档案。会员应当建立重大投诉或交易纠纷的报告和后续处理的持续跟踪机制。

（十）本所可以采用现场和非现场的方式对会员落实科创板投资者教育与适当性管理工作相关规定的情况进行监督检查，会员应积极做好相关配合工作。

（十一）对违反科创板投资者教育与适当性管理相关规定的会员，本所可根据《上海证券交易所会员管理规则》《上海证券交易所投资者适当性管理办法》等规则，对其采取相应的监管措施或纪律处分。

证券公司作为中介机构，应切实承担起自身责任，当好科创板的把关者。为此，上交所在专项检查、业务培训等多方面持续发力，压实证券公司在科创板开户、投资者教育等领域的主体责任。

2019 年 4 月底 5 月初，上交所先后对近 10 家证券公司进行了科创板开户工作专项现场检查。在现场检查中，上交所发现证券公司存在一些问题，主要体现在对投资者垫资情况的主动甄别有待加强，尚未制定投资者资产异常变动的监控流程及业务制度，暂未主动对资产异常变动的投资者的资金来源、资金性质等进行核查等。

2019 年 5 月 13 日，上交所召集近百家证券公司举行科创板证券公司经纪相关业务培训会。会上，上交所介绍了科创板交易规则，转融通证券出借与转融券业务，并重点讲解科创板投资者适当性管理现场检查情况、投资者教育工作要求和落实情况等。

与此同时，各大证券公司在投资者教育领域多措并举，通过线上线下多种渠道，帮助投资者了解科创板参与规则和风险，扎实落地科创板投教工作。

整体来看，这些投教推进方式包括但不限于：一是通过微信公众号、公司官方网站、手机 APP 等渠道，多次推送科创板资讯和投资者教育文章；二是开设科创板投教专题活动或视频课程；三是批量开展营业部业务培训及线下投资者活动等。

而从证券公司投资者教育过程与反馈情况来看，整体而言，合格投资者对科创板整体交易规则，存在理解障碍的可能性稍小一些；但在部分细节操作面前，还需要加强学习和熟悉。尤其是部分主板市场所没有的交易规则，在科创板运行初期，投资者可能还会有些不适应。

然而，伴随科创板交易渐趋常态化，更多合格投资者对整体交易规则的熟悉度不断提升，科创板愈发市场化，投资者对交易规则的变化、相关风险的重视程度亦不断提高。

投资者趋于理性，从科创板首次出现上市首日破发股中亦可见端倪。2019 年 12 月 4 日，建龙微纳登陆科创板首日收盘价下跌 2.15%，报 42.35 元/股，跌破发行价 43.28 元/股。新股破发在成熟股票市场很常见，这也在一定程度上反映了科创板愈发市场化。

伴随科创板审核速度加快，投资标的稀缺属性凸显度降低，发行溢价过高或想象空间有限的科创企业，短期内出现破发的概率便随之提升，造成这一现象的背后原因，和投资者的情绪趋于理性密不可分。

二、投教工作任重道远

科创板投资者教育工作面临诸多个性问题，解决之道不能简单诉诸某一方的努力，还需要多主体广泛参与其中，以共担投教职责为着力点，并通过一系列配套制度予以补充、完善。

当前，部分投资者对科创板适当性管理及具体标准还不够了解。2019年9月6日，中国证券投资者保护基金有限责任公司总经理、副董事长巩海滨认为，目前中国证监会"12386"热线收到大量关于科创板投资者咨询电话，包括咨询交易权限资产条件里的个人资产是否包括证券账户里的新股、如何判断个人投资者是否符合开通各种科创板交易权限条件、开通科创板交易权限的资金能否使用多个证券账户资产的累计。如此种种，都说明科创板适当性管理及具体标准的宣传和投资者教育还很不够。

同时，在巩海滨看来，投资者适当性制度的内容有待细化完善。一是缺乏对投资者适当性进行动态评估和调整的制度安排。二是投资者资产认定标准需要进一步明确。三是科创板融资融券业务的适当性制度需要进一步完善。此外，投资者适当性与保证市场流动性的关系亦需要平衡。

面对这些问题，加大科创板投资者宣传教育工作，逐渐成为各方共识。为帮助投资者正确认识设立科创板并试点注册制改革，理性参与科创板投资，投保基金公司联合上交所等单位发起"认识科创板，投资防风险"科创板投资者教育保护主题宣传系列活动，为投资者带来科创板专业政策解读。

各地证监局结合辖区监管工作和投资者关心的热点问题，开展了一系列以科创板为主题的投资者教育活动。

例如，根据中国证监会投教专项活动的统筹安排，2019 年 5 月，广东证监局积极开展了辖区内"走近科创，你我同行"投资者教育专项活动。广东证监局从多个层面开展科创板知识教育，包括借助媒体渠道做好科创板政策解读，开设投教专栏，举办科创板现场投教活动，召开粤西投资者座谈会，通过广东证监局官方网站、证券机构手机信息平台等渠道发布科创板知识等。

2019 年 7 月，甘肃证监局联合上交所举办"科创板、投教行"专题培训会，对科创板股票上市、退市风险、差异化表决机制、交易方式、存托凭证等进行再培训和再教育。持续督促辖区机构着力强化科创板客户服务，以投资者培训会、座谈会等多种方式及时为客户解疑答惑，引导投资者理性参与科创板投资。

同月，内蒙古证监局、上海证券交易所、内蒙古证券期货业协会在呼和浩特市举办"科创板投教行"（内蒙古站）主题巡讲活动，辖区 116 家证券经营机构、200 余名证券投教专员和投资者参加活动。

第二节　上交所投资者适当性要求

科创企业商业模式新、技术迭代快、业绩波动和经营风险相对较大。为保护投资者的合法权益，科创板股票交易实行投资者适当性管理制度。个人投资者在参与科创板股票交易前，应满足哪些适当性条件和要求？关于资产状况和投资经验如何认定？参与科创板股票交易前，投资者应了解哪些事项？

一、科创板实施投资者适当性制度

一般而言，投资者适当性管理是指证券公司等金融服务机构在开展业务时，必须根据投资者的财产收入状况、风险承受能力、投资经验和投资需求等情况提供相匹配的金融产品或服务。投资者则需在了解金融产品或服务的基础上，根据自身的投资能力、风险承受能力等情况，理性地选择适合自己的金融产品或服务。

2019 年 3 月 1 日，上交所正式公布《上海证券交易所科创板股票交易特别规定》，明确个人投资者参与科创板股票交易的具体条件。科创板股票交易权限的开通方式与港股通基本一致。投资者仅需向其委托的证券公司申请，在已有沪市 A 股证券账户上开通科创板股票交易权限即可，无须在中国结算开立新的证券账户。

3 月 19 日，上交所发布《关于科创板投资者教育与适当性管理相关事项的通知》，规定了个人投资者参与科创板应符合的条件，以及会员应按照《上海证券交易所科创板股票交易特别规定》为科创板投资者制定适当性管理制度，参与科创板股票交易（含发行申购）的投资者应符合适当性管理要求。

需要特别强调的是，实施投资者适当性制度，并不是将不符合要求的投资者拦在科创板大门之外，不符合投资者适当性要求的中小投资者可以通过公募基金等产品参与科创板。

二、投资者适当性管理要求的具体规定

关于投资者适当性管理要求的交易条件和资产认定，前文已有详细论述，这里将主要论述以下几个方面。

（一）经验认定

在科创板适当性条件中，投资者参与证券交易的经验是如何认定的？关于参与证券交易经验的认定，其具体认定标准如下。

个人投资者参与A股、B股和股转系统挂牌股票交易的，均可计入其参与证券交易的时间。相关交易经历自投资者本人一码通下任一证券账户在上海、深圳证券交易所及股转系统发生首次交易起算。首次交易日期可通过证券公司向中国证券登记结算有限公司查询。

符合法律法规及本所业务规则规定的机构投资者，可以直接申请开通科创板股票交易权限，无须满足上述资产和交易经验的条件。

（二）综合评估

符合适当性管理相关条件的个人投资者，是否可以直接参与科创板股票交易？

直接参与科创板股票交易的个人投资者不仅应符合上交所规定的适当性条件等要求，还应当通过证券公司组织的科创板股票投资者适当性综合评估。

证券公司应当对投资者是否符合科创板股票投资者适当性条件进行核查，并对个人投资者的资产状况、投资经验、知识水平、风险承受能力和诚信状况等进行综合评估。

证券公司应当重点评估个人投资者是否了解科创板股票交易的业务规则与流程，以及是否充分知晓科创板股票投资风险。

需要提醒投资者注意的是，符合科创板股票适当性条件的投资者仅需向其委托的证券公司申请，在已有沪市A股证券账户上开通科创板股票交易权限即可，无须在中国证券登记结算有限公司开立新的证券账户。证券公司也无须向上交所申请办理其他手续。

（三）后续评估

个人投资者通过适当性综合评估之后，证券公司如何对其进行后续评估？

证券公司应当动态跟踪和持续了解个人投资者参与科创板股票交易的情况，至少每两年进行一次风险承受能力的后续评估。

（四）理性参与

在参与科创板股票交易前，投资者应当充分知悉和了解科创板股票交易风险事项、境内法律和上交所业务规则，结合自身风险认知和承受能力，审慎判断是否参与科创板股票交易。

根据《上海证券交易所科创板股票交易特别规定》的规定，投资者在首次委托买入科创板股票前，还应当以纸面或电子形式签署《科创板股票交易风险揭示书》（以下简称《风险揭示书》）。未签署《风险揭示书》的，证券公司将不接受投资者的申购或者买入委托。

第三节　科创板投资注意事项

切实保护好投资者的合法权益是设立科创板并试点注册制改革和发展的出发点和落脚点。从科创板公司盈利、退市制度、红筹企业披露信息等方面，投资者应详细了解科创板投资的重要注意事项，理性参与科创板投资。

一、基本事项

（一）盈利情况

与沪市主板不同，科创板企业可能存在首次公开发行前最近3个会计年度未能连续盈利、公开发行并上市时尚未盈利、有累计未弥补亏损等情形，可能存在上市后仍无法盈利、持续亏损、无法进行利润分配等情形。

（二）股价波动

同时，因科创企业普遍具有技术新、前景不确定、业绩波动大、风险高等特征，市场可比公司较少，传统估值方法可能不适用，发行定价难度较大，科创板股票上市后可能存在股价波动的风险。

（三）退市差异化规定

与沪市主板相比，科创板退市制度有哪些差异化的规定？

科创板退市制度，充分借鉴了已有的退市实践，相比沪市主板，退市条件更为严格，退市时间更短，退市速度更快；退市情形更多，新增市值低于规定标准、上市公司信息披露或者规范运作存在重大缺陷导致退市的情形；执行标准更严，明显丧失持续经营能力，仅依赖与主业无关的贸易或者不具备商业实质的关联交易维持收入的上市公司可能会被退市。

因此，投资者应关注科创板的退市风险。

（四）表决权差异安排

投资设置表决权差异安排的科创板公司，投资者需关注哪些问题？

科创板制度允许上市公司设置表决权差异安排。上市公司可能根据此项安排，存在控制权相对集中，以及因每一特别表决权股份拥有的表决权数量大于每一普通股份拥有的表决权数量等情形，而使普通投资者的表决权利及对公司日常经营等事务的影响力受到限制。

同时，当出现《上海证券交易所科创板股票上市规则》以及上市公司章程规定的情形时，特别表决权股份将按1:1的比例转换为普通股份。股份转换自相关情形发生时即生效，并可能与相关股份转换登记时点存在差异。投资者需及时关注上市公司相关公告，以了解特别表决权股份变动事宜。

（五）红筹企业

具有协议控制权架构或类似特殊安排的红筹企业，投资者需关注公司披露的哪些信息？

红筹企业在境外注册，可能采用协议控制架构或类似特殊安排，在信息披露、分红派息等方面可能与境内上市公司存在差异。

红筹企业具有协议控制架构或类似特殊安排的，应当充分、详细披露相关情况，特别是风险、公司治理等信息，以及依法落实保护投资者合法权益规定的各项措施。

此外，红筹企业应在年度报告中披露协议控制架构或者类似特殊安排在报告期内的实施和变化情况，以及该等安排下保护境内投资者合法权益有关措施的实施情况。

以上事项出现重大变化或者调整，可能对公司股票、存托凭证交易价格产生较大影响的，公司和相关信息披露义务人应当及时予以披露。

（六）存托凭证

在境内发行股票或存托凭证，并在科创板上市的红筹企业，如何保护投资者权益？

红筹企业在境内发行股票或存托凭证并在上交所科创板上市，股权结构、公司治理、运行规范等事项适用于境外公司法等法律法规规定的，其投资者权益保护水平，包括资产收益、参与重大决策、剩余财产分配等权益，总体上应不低于境内法律法规规定的要求，并保障境内存托凭证持有人实际享有的权益与境外基础证券持有人的权益相当。

此外，投资者应注意，红筹公司存托凭证持有人实际享有的权益与境外基础证券持有人的权益虽然基本相当，但并不能等同于直接持有境外基础证券。投资者应当充分知悉存托协议和相关规则的具体内容，了解并接受在交易和持有红筹公司股票或存托凭证过程中可能存在的风险。

二、退市制度

为了充分保护投资者合法权益，科创板设置了更为严格的退市制度，退市情形更多，执行标准更严。在注册制全面推进的背景下，科创板上市公司的退市节奏，或将更加快速。因此，对于投资者来说，提前了解退市制度相关安排，十分有必要。

（一）风险标识

科创板上市公司被实施退市风险警示的，是否会被冠以相关标识？

与沪市主板公司一致，科创板上市公司股票被实施退市风险警示的，在公司股票简称前冠以"＊ST"字样，以区别于其他股票。

（二）风险警示

科创板上市公司股票被实施退市风险警示期间，需要注意哪些事项？

与上交所主板不同，科创板上市公司股票被实施退市风险警示期间，不进入风险警示板交易，不适用风险警示板交易的相关规定。

（三）交易期限

科创板退市整理股票的简称前会被冠以"退市"标识。与上交所主板一样，科创板公司退市整理期的交易期限为 30 个交易日。公司股票在退市整理期内全天停牌的，停牌期间不计入退市整理期，但停牌天数累计不得超过 5 个交易日。

累计停牌达到 5 个交易日后，上交所不再接受公司的停牌申请；公司未在累计停牌期满前申请复牌的，上交所于停牌期满后的次一交易日恢复公司股票交易。

（四）强制退市

根据《上海证券交易所科创板股票上市规则》的规定，科创板上市公司可能强制退市的情形主要包括：

一是重大违法强制退市，包括信息披露重大违法和公共安全重大违法行为；

二是交易类强制退市，包括累计股票成交量低于一定指标，股票收盘价、市值、股东数量持续低于一定指标等；

三是财务类强制退市，即明显丧失持续经营能力的，包括主营业务大部分停滞或者规模极低，经营资产大幅减少导致无法维持日常经营等；

四是规范类强制退市，包括公司在信息披露、定期报告发布、公司股本总额或股权分布发生变化等方面触及相关合规性指标等。

此外，投资者需了解，对于科创板上市公司股票被终止上市的，不得申请重新上市。

（五）重大违法强制退市

科创板上市公司重大违法强制退市情形有哪些？

根据《上海证券交易所科创板股票上市规则》的规定，上市公司重大违法强制退市的情形包括：

一是上市公司存在欺诈发行、重大信息披露违法或者其他严重损害证券市场秩序的重大违法行为，且严重影响上市地位，其股票应当被终止上市的情形；

二是上市公司存在涉及国家安全、公共安全、生态安全、生产安全和公众健康安全等领域的违法行为，情节恶劣，严重损害国家利益、社会公共利益，或者严重影响上市地位，其股票应当被终止上市的情形。

（六）整理期公告方式

科创板上市公司股票进入退市整理期的，公司及相关信息披露义务人仍应当积极履行信息披露及相关义务，提示投资者注意相关风险。上市公司应当于退市整理期的第一天，发布公司股票已被上交所作出终止上市决定的风险提示公告，说明公司股票进入退市整理期的起始日和终止日等事项。

科创板上市公司应当在退市整理期前 25 个交易日内，每 5 个交易日发布一次股票将被终止上市的风险提示公告，在最后 5 个交易日内每日发布一次股票将被终止上市的风险提示公告。

（七）相关股票转让

科创板上市公司强制退市后，投资者是否可以交易转让相关股票？

退市整理期届满后 5 个交易日内，上交所对公司股票予以摘牌，公司股票终止上市，并转入股份转让场所挂牌转让。公司应保证股票在摘牌之日起 45 个交易日内可以挂牌转让。

（八）主动终止上市

科创板上市公司出现下列情形之一的，可以向上交所申请主动终止上市：

一是上市公司股东大会决议主动撤回其股票在上交所的交易，并决定不再在上交所交易的情形；

二是上市公司股东大会决议主动撤回其股票在上交所的交易，并转而申请在其他交易场所交易或转让的情形；

三是上市公司向所有股东发出回购全部股份或部分股份的要约，导致公司股本总额、股权分布等发生变化不再具备上市条件的情形；

四是上市公司股东向所有其他股东发出收购全部股份或部分

股份的要约，导致公司股本总额、股权分布等发生变化，不再具备上市条件的情形；

五是除上市公司股东外的其他收购人向公司所有股东发出收购全部股份或部分股份的要约，导致公司的股本总额、股权分布等发生变化，不再具备上市条件的情形；

六是上市公司因新设合并或者吸收合并，不再具有独立法人资格并被注销的情形；

七是上市公司股东大会决议公司解散的情形；

八是中国证监会和上交所认可的其他主动终止上市情形。

（九）合法权益保护

科创板上市公司主动终止上市的，投资者的合法权益如何获得保护？

科创板上市公司主动终止上市的，公司及相关各方应当对公司股票退市后的转让或者交易、异议股东保护措施等作出妥善安排，保护投资者特别是中小投资者的合法权益。

主动终止上市公司可以选择在股份转让场所转让其股票，或者依法作出其他安排。

（十）退市从严

对比成熟市场，A股退市制度实施效果并不理想，退市率明显偏低。2007—2017年，美国纽交所、纳斯达克年均退市率分别约8.3%、6.9%；Wind数据显示，自1999年第一家我国上市公司琼民源A（000508.SZ）退市至2019年年底，A股沪深两市3777家上市公司仅有118家A股公司被退市，退市公司占比仅3.12%。

分板块来看，自2012年以来，A股退市公司主要集中在主板，创业板仅 2 家公司退市，中小板有 8 家退市。

新时代证券股份有限公司中小盘分析师孙金钜认为，当前 A 股退市率较低的原因主要来自以下三方面：一是上市难导致企业主动退市积极性低；二是退市标准较单一，仅侧重财务指标，给企业逃避退市的操作空间，操作性较弱；三是多层次市场的建设不完善，企业退市后市场流动性不足，加剧了企业不愿退市的情况。

科创板在原有退市标准的基础上实现了改革与创新，集中体现了对于科技创新型企业"退市从严"的理念。国金证券策略研报显示，相比于主板、中小板、创业板，科创板退市制度将从严落实，具体表现在三大方面：一是退市标准更为严格，指标设定更为科学，引入扣非净利润和营业收入双重指标，避免了上市公司通过提升非经常性收入等方式规避当前退市标准。此外，科创板退市标准首次涵盖明显丧失主营业务经营能力这一定性指标。二是退市流程更为精简，取消了当前退市流程中暂停上市和恢复上市的阶段，退市时间缩减到 2 年左右（目前从退市警告到终止退市一般经历 4 年左右）。三是退市执行力度更大，科创板细则明确禁止退市企业申请重新上市，加大退市执行力度有助于形成有进有出的市场生态。

值得注意的是，从科创板退市标准及退市流程上可以看出，科创板在退市制度的市场化程度方面，借鉴了国外成熟股票市场的退市制度的相关规定。

以美国纽交所退市制度为例，纽交所财务类退市标准中，设立了多种不同的定量标准，与此同时还设立了主营业务活动终止的定性标准，这些标准也都应用到了科创板的退市制度当中。

此外，纽交所对于那些总市值较小（连续 30 个交易日市值少于 1500 万美元）的上市公司将采取强制退市，科创板的退市标准中也同样设立了市值标准（连续 20 个交易日市值低于 3 亿元）。

退市流程方面，科创板取消了暂停上市和恢复上市阶段，并设立了听证复核流程，逐步与美国退市流程接轨。对于科创板退市的企业，将直接启动终止上市程序，大幅提高了退市效率和缩短退市周期。

三、投资风险提示

为了使投资者充分了解上交所科创板股票或存托凭证交易的相关风险，开展科创板股票经纪业务的证券公司应当根据《上海证券交易所科创板股票交易风险揭示书必备条款》（以下简称《必备条款》），制定《风险揭示书》，提醒投资者关注投资风险。

根据《必备条款》的规定，《风险揭示书》必须列明至少 19 大条款（见表 6-2）。

表 6-2　科创板风险揭示书必备条款

条款	风险内容
1	行业及业务经营风险
2	持续亏损等常见财务风险
3	上市后股价波动较大
4	初步询价结束总市值不满足上市标准
5	申购与主板存在差异

续表

条款	风险内容
6	IPO 发行人增发股票
7	更为严格的退市标准
8	设置表决权差异安排
9	特别表决权股份变动
10	更为灵活的股权激励制度
11	较宽的涨跌幅限制
12	将引入做市商机制
13	避免无效申报
14	大宗交易申报与主板存在差别
15	股票上市首日即可作为融资融券标的
16	盘中停牌和严重异常波动与主板有差异
17	红筹企业相关境内外投保差异
18	红筹企业存托凭证交易及持有风险
19	法律法规和业务规则的更新

资料来源：科创板风险揭示书必备条款要点整理。

一是科创板企业所处行业和业务往往具有研发投入规模大、盈利周期长、技术迭代快、风险高以及严重依赖核心项目、核心技术人员、少数供应商等特点，企业上市后的持续创新能力、主营业务发展的可持续性、公司收入及盈利水平等仍具有较大不确定性。

二是科创板企业可能存在首次公开发行前最近 3 个会计年度未能连续盈利、公开发行并上市时尚未盈利、有累计未弥补亏损等情形，可能存在上市后仍无法盈利、持续亏损、无法进行利润

161

分配等情形。

三是科创板新股发行价格、规模、节奏等坚持市场化导向，询价、定价、配售等环节由机构投资者主导。科创板新股发行全部采用询价定价方式，询价对象限定在证券公司等7类专业机构投资者，而个人投资者无法直接参与发行定价。同时，因科创板企业普遍具有技术新、前景不确定、业绩波动大、风险高等特征，市场可比公司较少，传统估值方法可能不适用，发行定价难度较大，科创板股票上市后可能存在股价波动的风险。

四是初步询价结束后，科创板发行人预计发行后总市值不满足其在招股说明书中明确选择的市值与财务指标上市标准的，将按规定中止发行。

五是科创板股票网上发行比例、网下向网上回拨比例、申购单位、投资风险特别公告发布等与目前上交所主板股票发行规则存在差异，投资者应当在申购环节充分知悉并关注相关规则。

六是首次公开发行股票时，发行人和主承销商可以采用超额配售选择权，不受首次公开发行股票数量条件的限制，即存在超额配售选择权实施结束后，发行人增发股票的可能性。

七是科创板退市制度较主板更为严格，退市时间更短，退市速度更快；退市情形更多，新增市值低于规定标准、上市公司信息披露或者规范运作存在重大缺陷导致退市的情形；执行标准更严，明显丧失持续经营能力，仅依赖与主业无关的贸易或者不具备商业实质的关联交易维持收入的上市公司可能会被退市。

八是科创板制度允许上市公司设置表决权差异安排。上市公司可能根据此项安排，存在控制权相对集中，以及因每一特别表决权股份拥有的表决权数量大于每一普通股份拥有的表决权数量等情形，而使普通投资者的表决权利及对公司日常经营等事务的影响力受到限制。

九是出现《上海证券交易所科创板股票上市规则》以及上市公司章程规定的情形时，特别表决权股份将按1∶1的比例转换为普通股份。股份转换自相关情形发生时即生效，并可能与相关股份转换登记时点存在差异。投资者需及时关注上市公司相关公告，以了解特别表决权股份变动事宜。

十是相对于主板上市公司，科创板上市公司的股权激励制度更为灵活，包括股权激励计划所涉及的股票比例上限和对象有所扩大、价格条款更为灵活、实施方式更为便利。实施该等股权激励制度安排可能导致公司实际上市交易的股票数量超过首次公开发行时的数量。

十一是科创板股票竞价交易设置较宽的涨跌幅限制，首次公开发行上市的股票，上市后的前5个交易日不设涨跌幅限制，其后涨跌幅限制为20%，投资者应当关注可能产生的股价波动的风险。

十二是科创板在条件成熟时将引入做市商机制，请投资者及时关注相关事项。

十三是投资者需关注科创板股票交易的单笔申报数量、最小价格变动单位、有效申报价格范围等与上交所主板市场股票交易存在差异，避免产生无效申报。

十四是投资者需关注科创板股票交易方式包括竞价交易、盘后固定价格交易及大宗交易，不同交易方式的交易时间、申报要求、成交原则等存在差异。科创板股票大宗交易，不适用上交所主板市场股票大宗交易中固定价格申报的相关规定。

十五是科创板股票上市首日即可作为融资融券标的，与上交所主板市场存在差异，投资者应注意相关风险。

十六是科创板股票交易盘中临时停牌情形和严重异常波动股票核查制度与上交所主板市场规定不同，投资者应当关注与此相关的风险。

十七是符合相关规定的红筹企业可以在科创板上市。红筹企业在境外注册，可能采用协议控制架构，在信息披露、分红派息等方面可能与境内上市公司存在差异。红筹公司注册地、境外上市地等地法律法规对当地投资者提供的保护，可能与境内法律为境内投资者提供的保护存在差异。

十八是红筹企业可以申请发行股票或存托凭证并在科创板上市。存托凭证由存托人签发、以境外证券为基础在中国境内发行，代表境外基础证券权益。红筹公司存托凭证持有人实际享有的权益与境外基础证券持有人的权益虽然基本相当，但并不能等同于直接持有境外基础证券、投资者应当充分知悉存托协议和相关规则的具体内容，了解并接受在交易和持有红筹公司股票或存托凭证过程中可能存在的风险。

十九是科创板股票相关法律、行政法规、部门规章、规范性文件和交易所业务规则，可能根据市场情况进行修改，或者制定新的法律法规和业务规则，投资者应当及时予以关注和了解。

【小贴士】 上海证券交易所《风险揭示书》

据上交所相关规定，《风险揭示书》应当以醒目的文字载明：本《风险揭示书》的揭示事项仅为列举性质，未能详尽列明科创板股票交易的所有风险，投资者在参与交易前，应当认真阅读有关法律法规和交易所业务规则等相关规定，对其他可能存在的风险因素也应当有所了解和掌握，并确信自己已做好足够的风险评估与财务安排，避免因参与科创板股票交易遭受难以承受的损失。

需要提醒投资者注意的是，在《风险揭示书》上签字，即表明投资者已经理解并愿意自行承担参与科创板股票交易的风险和损失。

第三部分　企业篇

第七章

如何避开财务“雷区”

第一节　客户集中度高

客户集中度是指客户的集散程度，即平均每个客户所占的业务量。这一指标在运用时，多以前五大或前十大客户所占业务量的比例衡量。

当拟上市公司的客户集中度较高时，其业绩往往受某一个或几个客户的影响较大。[①] 监管部门及投资者会担心某一客户生产经营状况发生重大不利变化或调整合作方式，公司未来经营业绩会受到严重影响。此外，监管部及投资者还会有公司的业绩是否真实有效、相关交易是否真实发生、相关交易是否具有偶发性、是否是客户帮助公司上市有意为之等疑虑。

拟上市公司面对这一质疑，一方面，公司可以说明未来降低

[①]　当客户集中度较低时，说明缺乏核心客户，同时监管层也会担忧公司业绩造假，因为客户太多会使核查不方便。这时就要证明业绩的真实性和可持续性。

客户依赖度的措施；另一方面，公司可以表明目前客户集中度高的合理性，比如受行业因素制约等。此外，若确因核心客户业务调整等原因造成业绩下降，应主动说明出现这一变化的具体情况，以及未来公司业绩会不会持续受到影响。

下面我们将用成功过会的公司案例来进行具体分析。

【案例一】

A公司以机器视觉为核心技术，专注服务于工业领域客户，主要产品为工业视觉装备，包括精密测量仪器、智能检测装备、智能制造系统、无人物流车等，产品功能涵盖尺寸与缺陷检测、自动化生产装配、智能仓储物流等多个工业领域环节。该公司成立于2009年8月，于2019年4月申报科创板，2019年7月22日成功上市。

2016—2018年，A公司主营业务产生的收入由1.79亿元上升至5.03亿元，净利润由3163.59万元上升至9447.33万元，两者的年均复合增长率均超过了67%。

与此同时，申报稿显示，2016—2018年，A公司前五大客户产生的销售收入分别为8982.68万元、2.21亿元、3.57亿元，占当期营业收入的比例分别为49.67%、69.22%、70.28%，其中向客户甲直接产生的销售占比分别为8.02%、29.46%、28.51%。

除了将产品及技术直接销售给客户甲之外，客户甲的供应商也是公司的"金主"。招股书显示，2016—2018年，公司向客户甲及其供应商的合计销售额占比由41.99%上升至68.55%。

也就是说，2018年A公司近70%的收入直接或间接来自客户甲。

对此，上交所要求A公司说明，结合客户甲近期手机产品出货量下降的情况，进一步分析对公司业绩稳定性和持续经营能力的影响。

A公司在回复函中表示，公司已积极采取多种措施保证公司业务稳定性和持续经营能力，减少未来客户甲可能发生的单一产品销量下降对公司的不利影响。比如，公司在积极拓展光伏半导体行业的智能检测装备业务、汽车行业的智能制造系统业务等。

笔者认为，当一个客户占比非常高时，监管层会担忧公司是否会被该客户操控或被绑定，未来业绩是否稳定可持续。应对措施可以是努力开拓其他渠道来丰富客户的来源，从而打消监管层和投资者的顾虑。

【案例二】

B公司主要从事为汽车电子、医疗健康和新能源电池等行业提供研发、设计、生产、销售及服务方案。公司主要采取"以销定产、以产定购"的定制化经营模式，生产完成后进行安全调试和验收交付。该公司成立于2012年，于2019年4月申报科创板，2019年7月22日成功上市。

2016—2018年，B公司分别实现营业收入1.5亿元、2.44亿元和4.36亿元，对应净利润分别为242.71万元、3282.68万元和7111.36万元。其中，公司业务主要集中在汽车电子领域，这部分分别占总收入的91.09%、89.05%和85.52%。公司的营业收入和净利润均呈现稳步增长态势。

此外，B公司的海外业务收入不断提升。以2018年为例，海外收入占总收入的比重为20.66%，主要来源于菲律宾、美国、墨西哥、匈牙利和立陶宛等国家。

据公司介绍，其提供的定制化智能制造装备，从取得订单到项目最终交付涉及多项复杂工艺流程，生产交付周期较长，且目前主要客户是欧美跨国公司，往往集中在下半年进行验收，收入主要在第四季度实现。这样可能会使公司出现季节性亏损或盈利较低的情形，业绩存在季节性波动的风险。

在此背景下，2016—2018年，B公司来自前五大客户的销售收入逐年增加。以2018年为例，五大主要客户贡献收入3.27亿元，占公司当年总收入的75.07%。2018年公司对第一大客户乙的销售收入就占总收入的35.94%。

对于客户集中度较高，B公司解释称，这与下游行业的竞争格局及公司采取的发展战略、所处的发展阶段有一定关系。汽车行业分析师钟师认为，作为专业化、定制化的装备供应商，需要按照客户的特殊需求来定做产品。智能制造行业不像通用设备行业那样，可以为很多客户服务，其行业性质决定了公司的客户集中度较高。

同时，B公司也指出，如果核心客户出现较大经营风险导致其减少向公司的采购或公司未来不能持续进入核心客户的供应商体系，将对公司的销售收入产生较大影响，短期内将面临销售收入减少的风险。

可以看出，B公司不仅充分说明了客户集中度高是行业因素及发展战略所致，还将风险进行充足的提示，符合科创板以信息披露为核心的理念。这一点，值得拟上市公司借鉴。

【案例三】

C公司是检测设备与整线检测系统解决方案提供商，主要从事平板显示及集成电路的检测设备研发、生产和销售，主要产品应用于LCD与OLED平板显示、集成电路、汽车电子等行业。该公司成立于 2005 年 6 月，于 2019 年 3 月申报科创板，2019 年 7 月 22 日成功上市。

申报稿显示，2016—2018 年，C 公司分别实现营业收入 5.16 亿元、13.7 亿元、10.05 亿元。不难发现，该公司 2018 年的营业收入出现大幅下降的现象，同比下降了 26.63%。而业绩受影响的主要原因是，其来自主要客户的销售收入变化较大。2016—2018 年，C 公司向其前五大客户产生的销售收入分别为 4.08 亿元、12.06 亿元、6.19 亿元。2018 年其前五大客户产生的销售收入同比降低了 48.67%。

具体来看，2016—2017 年，C 公司向其前五大客户中的客户丙产生的销售收入分别为 2725.22 万元、2.72 亿元，增长率为 898.97%。而在 2018 年，客户丙并未出现在 C 公司的前五大客户名单中。

对此，C 公司表示，2017 年客户丙推出了新一代电子产品，增加了对本公司大型自动化检测设备的采购力度。而 2018 年客户丙的新产品屏幕与前一年度相比改进较小，检测设备更换需求较小，因此销售收入同比有所减少。

对于这一解释，上交所仍然提出了质疑，要求 C 公司说明其作为客户丙合格供应商的资格是否持续。

C 公司在回复函中表示，相关风险较小，客户丙素来以其稳定、高效的供应链体系著称，设置了非常严苛的供应商管理制度。为确保产品质量和及时交付，客户丙高度重视供应商结构的稳定性，一般均会与相关经过筛选考核的供应商建立长期合作关系，对于具备较高技术实力及规模量产能力的公司尤其如此。若合格供应商的综合实力和产品表现值得信赖，则客户丙不会轻易更换。

笔者认为，由于科创板是以信息披露为核心，说真话摆道理，及时向监管层和投资者说明业绩下滑的原因、公司应对业绩下滑采取的措施，以及未来业绩的稳定性和持续性，来打消监管层和投资者的顾虑，显得尤为重要。

第二节　外销占比高且与海关数据存在差异

外销指经有关部门批准，销售（或出租）给境外公司和个人。

当拟上市公司的外销占比较高，且与海关的数据存在差异时，会令人怀疑数据的真实性。[①] 公司应说明境外客户的真实性和相关交易的可持续性。

此外，海关数据会与公司统计存在误差，公司还需要详细说明误差产生的原因，并能据此追溯调整。

【案例四】

D公司主要从事微创医疗器械研发、制造与销售，旗下有内镜下微创诊疗器械、肿瘤消融设备两大主营产品系列。该公司成立于2000年5月，于2019年4月申报科创板，2019年7月22日成功上市。

招股书显示，2016—2018年，D公司营业收入分别为4.14亿元、6.41亿元和9.22亿元，对应的净利润分别为-0.26亿元、

---

① 如果外销比例很低，且国内市场比较饱和或竞争激烈，监管层则会担心公司的成长性。这时公司就需要展示其向外扩张的计划或战胜竞争对手的方法。

1.12亿元和2.03亿元。除此之外，引人注目的一点是其毛利率较高，2018年毛利率达64.01%。

据公司介绍，D公司较高的毛利率得益于本身毛利率较高的止血及闭合产品收入在总收入中的占比增加：该产品收入占比由2017年的33.13%增加到2018年的42.19%，给整体毛利率贡献了约7个百分点。

此外，D公司的海外市场（包括美国、欧洲、加拿大和澳大利亚等）在收入上作出了更多的贡献。2016—2018年，公司境外销售收入占主营收入的比重分别为40.95%、44.77%和44.70%，远高于同行业水平。

D公司如此高的外销比例，自然吸引了上海证券交易所的注意。上交所要求D公司说明，境外销售数据同海关数据的差异情况。

D公司表示，报告期内，合并层面境外主营业务收入与母公司外销主营业务收入的差异分别为857.69万元、2514.82万元和1.17亿元。

2016年及2017年差异的主要原因，系某子公司对外销售的价格高于从母公司采购的价格，母公司销售给某子公司的部分，某子公司对外销售仍能获得36.17%及47.20%的毛利率。2018年差异的主要原因，系2018年新增另一子公司纳入合并报表，这两个子公司对外销售的价格高于从母公司采购的价格，对外销售仍能获得56.52%及38.85%的毛利率。

另外，D公司表示公司收入确认时间和海关结关时间之间存在时间差也是一个重要的影响因素。

D公司境外销售收入确认时点的方式如下。

一是境外销售采取工厂交货（EX-WORK）贸易方式的，根据合同约定公司在工厂或其他指定地点将货物交给购货方或其指定的承运人并取得对方签收确认，售出商品所有权上的主要风险和报酬即由本公司转移至购货方，公司据此确认销售收入。

二是境外销售采取船上交货（FOB）贸易方式的，公司在合同约定的装运港将货物交至指定船只并办妥出口报关手续，售出商品所有权上的主要风险和报酬转移至购货方时确认销售收入。

而海关则是在结关时才统计相关出口数据。

这里需要明确，监管层并不是反对公司将产品走出国门，主要是因为外销收入容易造假，相应的核查取证比较困难。当公司外销比例较高时，如果外销收入与海关数据存在误差，更会使监管层和投资者怀疑公司业绩造假。公司可以从最根源的确认时点出发，深度分析公司的确认时点与海关的差异，另外将明确详细的数据列举，从而证明交易真实存在。

第三节　经营性现金净流量与利润表存在差异

一般来说，利润表是以权责发生制编制，而现金流量表为收付实现制编制。所以有时候，两者会存在一定的差异。但是如果差异过大的话，数据真实性也会被受到质疑。

经营性现金净流量大幅低于当期净利润，可能使大众怀疑公司交易的真实性，以及可能存在调节利润的情况。这时公司应先说明发生上述情况的原因，比如应收账款猛增、存货猛增、应付账款狂降等。其中，对于应收账款，需要说明收入确认的准确性和合理性；对于存货猛增，需要说明增加存货的合理性，如果背离价格逻辑，应当自圆其说。

当经营性现金净流量大幅高于当期净利润，则会使大众怀疑是否有较大资产减值损失，这时公司就需要说明资产减值损失的缘由，以及对未来业绩的影响。

【案例五】

E 公司是主要从事非制冷红外热成像与 MEMS 传感技术开发的集成电路芯片公司，致力于专用集成电路、MEMS 传感器及红外成像产品的设计与制造。该公司成立于 2009 年 12 月，于 2019年 3 月提交申报稿，2019 年 7 月 22 日成功上市。

2016—2018 年，E 公司业绩快速增长，营业收入分别为6025.06 万元、1.56 亿元、3.84 亿元，归母净利润分别为 969.33万元、6435.09 万元、1.25 亿元。2019 年第一季度的营业收入为1.01 亿元（同比增长 177.06%），归母净利润为 2324.06 万元（同比增长 605.8%）。

虽然其归母净利润合计为 2.22 亿元，但经营性现金净流量却为 -3795.83 万元，其中只有 2018 年为正值。

即从现金流的角度来看，E 公司不但没有"赚"钱，反而"赔"了。

值得一提的是，上会稿中，E 公司列举了两家同行业可比上市公司，这两家上市公司同期的归母净利润分别为 1.3 亿元、2.67 亿元，经营性现金净流量分别为 8378.75 万元、4.11 亿元。

关于上述现象，上交所要求 E 公司说明，报告期经营性现金净流量大幅低于当期净利润的原因。

对此，E公司于回复中表示，主要原因为产品备货期较长，晶圆等主要原材料的备货期在半年以上。在营业收入快速增长的情况下，公司为后续订单的保障供应进行了相应备货。从而导致采购原材料和劳务支付的现金，超过销售商品获得的现金。

此外，E公司还表示，随着公司业务的持续发展，对上下游客户的结算方式持续改善，议价能力不断增强，经营性现金净流量不断增加，后续将会进一步优化，不存在持续经营风险。

同时，E公司的保荐机构和会计师事务所发表意见，其称E公司报告期内经营性现金净流量存在为负的情况合理，随着公司的后续发展，会逐步改善，不会影响公司的持续经营。

权责发生制和收付实现制之间存在差异，从不同角度看同一家公司，得出的结果也可能会千差万别。监管层对于这种差异，一方面，可能会怀疑公司数据造假，公司应说明这种差异产生的详细原因；另一方面，监管层会担忧公司的持续经营能力，毕竟赚到手的现金并没有那么多，这就需要公司对未来的改进措施及持续经营能力作出解释。

第四节　上会稿与申报稿财务数据差异大

在上会的企业里，我们也会遇到这样的情况：企业提交的上会稿和初始提交的申报稿财务数据有差异，有的差异还很大。为何会出现这样的情况，企业应该怎样处理？

根据一般的流程，科创板申报企业，在开始申报时会提交一份申报稿，其中报告期内的财务数据均经会计师事务所审计通过，即企业和中介机构均对申报稿的财务数据认可。在经历上交所多轮问询后，部分企业会因为上交所不断的问询，而在申报稿的内容上进行修改，并于上会前提交上会稿。

如果上会稿与申请稿财务数据差异过大，有可能是公司之前的财务制度有重大问题，严重者则涉及财务造假。

出现这种情况时，拟上市公司往往比较难通过审核，如果因为收入确认，而导致财务数据发生剧烈变化，这将给监管层留下非常不好的印象。特别是一些卡在年头岁尾的巨额收入，更容易让监管层怀疑公司存在主观调节利润的嫌疑。

【案例六】

F公司核心技术覆盖数据采集、安全监测、安全分析、安全处置、追踪溯源等基础安全能力。公司的主营业务是向电信运营商、安全主管部门等政企客户提供基于互联网和通信网的网络信息安全综合解决方案及服务，连续五届入选CNCERT（国家互联网应急中心）网络安全应急服务支撑单位（国家级）。该公司成立于2008年，于2019年4月提交申报稿，2019年8月IPO批文被证监会否决，成为科创板开板初期为数不多的注册被否案例。

出现这种情况，与公司前后的业绩"变脸"直接相关，而且时间只差了3个月。

申报稿显示，该公司2016—2018年营业收入连续增长，分别为4.3亿元、5.06亿元、6.25亿元，归母净利润涨势喜人，分别为3916.05万元、4185.64万元、9664.35万元，2018年归母净利润是2016年的2.47倍。

从申报稿业绩看，公司似乎交出了一份漂亮的"简历"。然而，仅仅3个月后，这份"简历"就发生了巨变。

2019年7月2日，公司正式公布上会稿，2018年营业收入由6.25亿元"缩水"至4.88亿元，归母净利润由9664.35万元猛降至1837.18万元。

这个缩水有多明显呢？不妨放到科创板申报公司中做个对比。

截至2019年7月10日午时，科创板共有146家申报公司，F公司的营业收入排名由第54名降至第64名；其归母净利润排名由第44名变为第137名，从中上游水平掉至倒数第十位。同时，公司2018年扣非后归母净利润由8732.99万元下降至905.82万元，已经不足1000万元。在146家申报公司中，排名倒数第八位。

为何会出现这种状况？可能是因为四轮问询，而产生数据变化。这部分"新"数据，最早出现在2019年6月28日公告的第四轮审核回复中。

F公司在回复函中表示，2018年12月28—29日签订、2018年当年签署验收报告并确认收入的4个项目合同，2018年年底均未回款且未开具发票，实际回款情况与合同约定存在较大差异且金额影响较大。基于谨慎性原则，经公司董事会及股东大会审议通过，将上述4个合同收入确认时点进行调整。

这里需要关注三个关键点：一是4个合同共计涉及合同金额为1.59亿元，相当于修改前2018年营业收入的25.43%；二是合同签订的时间为2018年年末，且签订时间在两天内；三是4个合同2018年均未回款且未开具发票。

需要提醒的是，上海证券交易所的四轮问询问题均涉及收入确认方面。

比如第四轮问询中，上交所"开门见山"发问道，根据回复材料，公司在未得到客户同意之前提前开具发票，会导致客户拒收，从而导致发票作废。公司 2018 年 12 月 28—29 日签订、2018 年当年签署验收报告并确认收入的 4 个合同项目，2018 年年底均未回款且未开具发票，与合同相关条款不一致，未提供充分证据且与报告期内其他项目收入确认政策差异较大。请公司结合相关合同条款、回款比例等上述相关情况，进一步说明上述重大合同会计处理是否符合公司会计准则的规定。

这或许是 F 公司修改上述 4 个合同确认时点，从而导致营收和净利"变脸"的主要原因。

对于上述 4 个合同，F 公司证券部表示，截至 2019 年 6 月末，前述项目的主要经济利益已流入公司，并于 2019 年第二季度确认收入。不过，上述理由并未打动监管部门。

2019 年 8 月 30 日，中国证监会官方网站发布《关于不予同意 F 公司首次公开发行股票注册的决定》公告。并特别指出将该会计差错更正认定为特殊会计处理事项的理由不充分，不符合公司会计准则的要求，存在会计基础工作薄弱和内控缺失的情形。

这个案例告诉我们，发行人和保荐机构的会计处理过于"任意"，一是会造成主观调节利润的嫌疑，二是显示出公司会计基础工作薄弱，内控缺失。

F 公司之前的财务数据可能并不算造假，只能算不符合谨慎性原则。但是因为净利润修改前后落差过大，加上相关的时点和后续表现，不得不让监管层感到其在美化财务数据。而且公司的财务巨变被众多媒体报道，引起公众关注。在此背景下，公司虽然通过上交所的审议会，却没能通过中国证监会的审核。

我们的建议是，如果公司想上市，最好不要因小失大，要做好收入确认工作，保持会计制度的谨慎性。并且，科创板对业绩要求不高，没有太大的必要调节利润。如果想提高发行价或股价，可以改善业绩情况和提高在手订单等。

第五节　未盈利或微利

科创板虽然允许未盈利或微利的公司申报，但这不意味着财务数据就不重要，也不意味着什么公司都能上市。这里指的财务数据，是指未来的财务数据。公司要注意利用融资改善负债率，防止资不抵债的情况发生。科创板对于这类公司也是有期限限制的，所以公司要注意退市规则。《上海证券交易所科创板股票上市规则》就显示，上市公司如果净利润（扣非前后孰低）为负，且营业收入低于1亿元，将会被实施退市风险警示。

不过，选择科创板上市标准5的公司自上市之日起第四个完整会计年度，才开始适用该条规定。公司在申报稿中除了将符合条件的理由详细说明外，还可以细致描绘产品的未来以及可能的估值，以及近几年便能盈利的可能。

那么，拟上市公司该如何应对这种情况呢？比如医药公司，则需至少有一项核心产品获准开展二期临床试验，以及估值达到要求。而且上市后一段时间内，如果未达到要求，将面临退市风险。相关公司首先应当证明其产品和技术的先进性，以及达到相应的条件。另外最近一次增资时的估值最好高于门槛，这样或将提高上市成功率。否则如果估值过低，可能使监管层产生怀疑，不利于公司成功上市。

公司应当给出清晰完整的计划，使监管层和投资者看到公司未来的盈利空间。对于负债率较高、未分配利润为负的情况，可以采取不同手段来解决。比如股权融资可以降低负债率，但需保持控制权的稳定。未分配利润为负时，可以通过股份制改革来解决，但之后的亏损需要控制。

接下来以两家过会公司为例，看看它们是如何解决上述问题的。

【案例七】

G公司主要从事肿瘤、出血及血液疾病、肝胆疾病等多个治疗领域的新药研发。该公司成立于2009年3月，于2019年6月申报科创板，2020年1月23日成功上市。

G公司2018年的营业收入只有百万元级，且亏损超4亿元，却欲募资20多亿元，其"反差"之大令人瞩目。

申报稿显示，G公司2016—2019年第一季度（报告期）的主营业务收入始终为0。2016年和2018年，公司在主营业务之外，通过研发及临床试验用药生产加工服务带来20.03万元和131.12万元的营业收入。该公司在此前科创板141家申报公司中，2018年营业收入排在倒数第一位，归母净利润排在倒数第二位。

2016—2018年以及2019年第一季度，G公司归母净利润分别为−1.28亿元、−1.46亿元、−4.4亿元、−1.7亿元，"三年一期"合计亏损8.84亿元。

公司巨额亏损的原因之一是股份激励。这部分股份的购入价格因低于公允价格而产生股份支付费。报告期内，公司确认的股份支付费分别为 6802.04 万元、0 万元、3.09 亿元、1.33 亿元，合计约为 5.1 亿元。

公司实际控制人于 2018 年以低于公司公允价值的价格取得股权，公司确认股份支付费 3.09 亿元。而同期的研发费用分别为 6107.74 万元、1.59 亿元、1.37 亿元、3385.81 万元，合计约为 3.91 亿元，仅占股份激励产生的股份支付费的 76.68%。在此背景下，公司 2018 年年末的未分配利润的亏损额达 7.97 亿元。

上海某律师事务所律师王某表示，在公司弥补亏损和提取法定公积金之前向股东分配利润的，股东必须将违反规定分配的利润退还公司。如果只靠盈利来补亏，对于尚未有主营业务收入的 G 公司，或许压力不小。

不过，G 公司通过股份制改革，将未分配利润的亏损额缩小很多。2019 年 2 月，公司进行股份制改革，2.38 亿元的净资产中 1.8 亿元被作为股本，其余被作为资本公积。截至 2019 年 3 月 31 日，未分配利润的亏损额为 1.81 亿元，减小了 77.33%。

公司虽然业绩不突出，但融资金额却不少。

该公司此次科创板 IPO 选择的是同股同权的科创板上市标准 5。该标准要求，预计市值不低于人民币 40 亿元，主要业务或产品需经国家有关部门批准，市场空间大，目前已取得阶段性成果。医药行业公司需至少有一项核心产品获准开展二期临床试验，其他符合科创板定位的公司需具备明显的技术优势并满足相应条件。

公司的融资金额为 23.84 亿元，此次发行不超过 6000 万股股票（占发行后 25%），超额配售部分不超过发行股票数量的 15%。以此计算，如若完成融资金额，其估值约为 86.03 亿元，相当于 2019 年 3 月 31 日净资产的 35.85 倍（净资产约为 2.4 亿元）。

另外，这个估值也比最后一次增资的估值要高不少。2018 年 12 月公司进行 IPO 前最后一次增资，当时增资后的估值约为 47.56 亿元。

那么 G 公司的研发产品如何，能否对得起其估值？

据了解，生物科技公司产品所处阶段分为：临床预试验及临床前、I 期临床试验、II 期临床试验、III 期临床试验、新药申请及之后。

I 期临床试验为初步的临床药理学及人体安全性评价试验。观察人体对于新药的耐受程度和药代动力学，为制定给药方案提供依据。

II 期临床试验为治疗作用初步评价阶段。其目的是初步评价药物对目标适应症患者的治疗作用和安全性，也包括为 III 期临床试验研究设计和给药剂量方案的确定提供依据。

III 期临床试验为治疗作用确证阶段。其目的是进一步验证药物对目标适应症患者的治疗作用和安全性，评价利益与风险关系，最终为药物注册申请的审查提供充分的依据。试验一般应为具有足够样本量的随机盲法对照试验。这一阶段需要积累大量的样本，花费时间一般较长。

G 公司申报稿显示，公司正在开发 11 种药物，其中甲苯磺酸多纳非尼片（泽普生）、重组人凝血酶（泽普凝）及盐酸杰克替尼片（泽普平）的多种适应症已分别处于 II/III 期临床试验阶段；注射用重组人促甲状腺激素（赛诺璟）及奥卡替尼处于 I 期临床试验阶段；盐酸杰克替尼乳膏、盐酸杰克替尼片治疗自身免疫相关疾病和 ZG5266 处于新药临床试验申请阶段。

此外，G 公司在研的小分子新药 ZG0588、ZG170607、抗肿瘤双靶点抗体新药 ZG005 及 ZG006 处于临床前研发阶段。比如申报稿显示，作为公司核心产品之一的多纳非尼，已完成的临床前和临床研究表明，在多种晚期肿瘤适应症中，多纳非尼显示出确切的治疗效果和良好的安全性。多纳非尼有望成为中国首个上市的一线治疗晚期肝细胞癌的国产靶向新药，也有望成为全球第三个上市的一线治疗晚期肝细胞癌的靶向新药。

由于制药公司有其特殊性，所以对于未盈利的公司，使用简单的市盈率估值法推算比较难估计股价，要看其产品的市场前景、竞争对手等众多因素来判断估值。

值得关注的是 G 公司的另一枚"定时炸弹"。

《上海证券交易所科创板股票上市规则》显示，上市公司如果净利润（扣非前后孰低）为负，且营业收入低于 1 亿元，将会被实施退市风险警示。不过，选择科创板上市标准 5 的公司自上市之日起第四个完整会计年度，才开始适用该条规定。即公司如果不能按期完成目标，则可能被实施退市风险警示。

对此，G 公司已做出一些准备。

比如申报稿显示，公司预计最快将在 2019 年下半年提交多纳非尼一线治疗晚期肝细胞癌的上市申请，2020 年将完成多纳非尼三线治疗晚期结直肠癌的 III 期临床试验，并依据 III 期临床试验结果提交新药申请。

另外，G 公司已按照 GMP 标准建成 2 个生产车间及配套设施，并已获得药品生产许可证，为在研药品的未来商业化生产做好了准备。

未盈利的公司在 A 股上市，是科创板在 A 股首创的特色。在符合上市条件的情况下，公司还需要注意上市后的规则，否则被退市时将一脸茫然。公司在申报稿中除了将符合条件的理由详细说明外，还可以细致描绘产品的未来以及可能的估值，和近几年便能盈利的可能。

【案例八】

H公司是一家创新型生物制药研发公司，专注于单克隆抗体、重组蛋白和疫苗等生物药产品的研发和产业化。该公司成立于2007年，于2019年9月申报科创板，2020年3月31日成功过会。

截至2019年7月31日，H公司独立自主研发的处于临床阶段和临床前研究阶段的生物药产品管线包括21个创新药品种和2个生物类似药品种，正在开展7项III期临床研究、5项II期临床研究和4项I期临床研究。

招股说明书显示，2016—2018年，H公司分别实现营业收入9812.58万元、599.27万元、294.57万元，归母净利润分别为-1214.29万元、-1.41亿元、-4.53亿元。累计亏损了逾6亿元。甚至由于连续亏损，还曾出现资不抵债的情况。

截至2018年年末，H公司的归母净资产为-0.22亿元，其资产负债率为104.42%，已出现资不抵债的情况。此外，2019年1—3月，公司的归母净利润为-10790.59万元，仍在继续亏钱。

H公司之所以会连续亏损，主要是因为公司在研发上的投入较高。对于医药公司来说，研发新药是一个艰巨、漫长及昂贵的过程。新药开发的过程平均需要10年时间，且需要花费超过10亿美元的研发成本。

招股说明书显示，2016—2018年，H公司的研发费用分别为1.2亿元、1.89亿元、4.35亿元，分别占当期营业总成本的68.97%、88.32%、85.13%。

需要指出的是，H公司在2019年3月进行了新一轮的股权融资。截至2019年3月31日，归母净资产为46251.62万元，资产负债率为58.21%，成功通过融资摆脱了资不抵债的情况。

笔者认为，未盈利公司很可能资产情况并不好，在利润表信息较少的情况下，监管部门会更加关注资产负债表。在这种情况下，公司应采取措施改善资产负债表情况，使监管层相信公司的偿债能力和稳健性。

第六节　市场占有率不高且毛利率低

市场份额亦称"市场占有率"。指某企业某一产品（或品类）的销售量（或销售额）在市场同类产品（或品类）中所占比重。反映企业在市场上的地位。通常市场份额越高，竞争力越强。有3种基本测算方法：（1）总体市场份额，指某企业销售量（额）在整个行业中所占比重。（2）目标市场份额，指某企业销售量（额）在其目标市场，即其所服务的市场中所占比重。（3）相对市场份额，指某企业销售量与市场上最大竞争者销售量之比，若高于1，表明其为这一市场的领导者。

当市场占有率比较低时，监管层和投资者会怀疑公司的成长空间。[①] 如何证明公司不会被对手打倒，是公司需要进行学习的。

---

① 当市场占有率比较高时，也会令监管层和投资者怀疑公司的成长空间。这时一般有两种思路：一种是证明行业空间广阔；另一种则是证明公司能力压竞争对手，从而获得更大的市场份额。

具体来说，市场份额远低于竞争对手时，可以将市场进行更细致的划分，从而发现在更细分的领域，公司的竞争劣势是否有所缓解。另外，可以围绕公司的产品，来阐述与竞争对手的差异，既可以是产品性能，也可以是产品成本、外型、客户目标群等。凸显出公司独特的竞争力。

对于毛利率低于竞争对手，可以从实际情况出发，列举产品阶段不同、使用材料不同、产能未能完全释放等理由。

【案例九】

I 公司是新能源汽车动力电池系统整体技术方案的提供商，专注于新能源车用锂离子动力电池及整车电池系统的研发、生产和销售，并为新能源汽车整车公司提供动力电池整体解决方案。该公司成立于 2009 年 12 月，于 2019 年 9 月申报科创板，2020 年 3 月 31 日成功过会。

申报稿显示，截至 2018 年年末，公司为逾 10 万辆新能源汽车提供产品和服务。根据高工产研锂电研究所数据，2018 年，中国动力电池市场中，I 公司市场占有率为 3.3%，位列第五，不到排名第一的公司的 1/10，差距较大。

但在细分市场上，I 公司表现得较为出色。公司的核心产品为三元软包动力电池，具体是提供电芯、模组和电池包，应用领域以新能源乘用车为主，同时涵盖新能源专用车、电动摩托车等。根据披露的数据，I 公司的产品在国内三元软包动力电池领域的市场占有率排名第一，出货量和装机量在 2017 年、2018 年两年的排名为全国第一、全球第三。

公开信息显示，I 公司还是最早确立以三元化学体系及软包动力电池结构为动力电池研发和产业化方向的公司之一，也是中国

189

第一批实现三元软包动力电池量产的公司。

根据申报稿，2016—2018 年以及 2019 年上半年，I 公司分别实现营业收入 4.69 亿元、13.39 亿元、22.76 亿元、10.13 亿元，对应净利润分别为 734.36 万元、1826.13 万元、-7821.48 万元、5401.28 万元。其中，2018 年公司利润大幅下滑，扣非后净利润低至-1.99 亿元。

对于上述情况，I 公司表示，受当年补贴政策影响，动力电池市场售价下降，但是公司单位成本降幅小于售价降幅，使得当期毛利率下滑，也导致公司 2018 年处于亏损状态。

从毛利率数据上看，2016—2018 年，公司综合毛利率在不断下降，分别为 18.73%、16.48%、5.59%。到了 2019 年上半年，公司加大国产原材料采购比例，同时通过和供应商签署战略合作协议的方式控制原材料采购成本，毛利率回升至 18.93%。

但与同行业上市公司相比，I 公司的毛利率却显得略低。Wind 数据显示，2019 年上半年，市场占有率排名第一的公司的毛利率为 28.88%，显著高于 I 公司。

对此，I 公司给出了三个原因：相较于其他类型动力电池，三元软包动力电池目前仍处于导入期，尚未充分在销售价格层面体现；公司主要使用进口隔膜，而同行业上市公司使用的正极材料主要为国内厂商生产的隔膜，公司直接材料成本较高；2018 年至今，公司部分新建产能处于调试爬坡阶段，产能尚未完全释放，导致单位成本中折旧摊销较高。

公司的解释奏效了，最终成功过会。这个案例给我们的启发是，如果公司有强大的竞争对手，监管层主要担忧的是公司的持续经营能力。在这种情况下，I 公司的做法值得借鉴，即先将市场更细化，将产品细致描述，同时与竞争对手的产品进行比较，突出公司的与众不同，从而表明竞争对手不会对公司的未来发展产生冲击。

第八章

如何避开其他"雷区"

第一节　无实际控制人

实际控制人，是指虽不是公司的股东，但通过投资关系、协议或者其他安排，能够实际支配公司行为的人。简而言之，实际控制人就是实际控制上市公司的自然人、法人或其他组织。

现实中，一些公司因为股权比较分散所以没有实际控制人。[①]对于这种"群龙无首"的公司，监管层比较会考虑公司能否正常运行，以及重大决策如何敲定；大众也会担心公司的正常经营决策。毕竟公司的发展，需要有一个长期的规划和稳健的政策。如果朝令夕改，往往会使公司内部人心惶惶。另外，实际控制人也有许多义务和规定，监管部门会担心公司恶意确认无实际控制人，使部分人士逃离相关约束。

---

① 公司的实控人持股比例过高，监管层会担忧实控人掏空公司，或使公司成为"一言堂"。

拟上市公司在无实际控制人的情况下怎么办？接下来本书将以两家成功过会的公司为例，看其如何进行说明。

【案例十】

J公司主要从事城市轨道交通信号系统的研发、关键设备的研制、系统集成以及信号系统总承包业务。该公司成立于2009年12月，于2019年3月29日申报科创板，2019年7月22日成功上市。

从股权结构来看，J公司的股份被四分，其第一大股东及其一致行动人合计持股26.66%，第二大股东持股比例为14.82%，第三大股东及其一致行动人合计持股14.62%，第四大股东持股比例为11%。公司不存在控股股东和实际控制人。

2019年6月17日，科创板上市委询问J公司三大方面的问题，其中一个问题为说明第一大股东不是实际控制人的原因。

关于这个问询，J公司陈述了三个理由。

一是公司股权结构较为分散。J公司不存在持股比例超过30%的单一股东，单一股东所持股权比例没有绝对优势，公司主要股东之间也不存在共同控制的安排。

二是单一股东无法控制股东大会。J公司股东大会作出会议决议，普通决议必须经出席会议的股东所持表决权的过半数审议通过，特别决议必须经出席会议的股东所持表决权的三分之二以上审议通过。而目前，J公司任何单一股东所持表决权均不超过三分之一。

三是单一股东无法控制董事会。J公司董事会由九名董事组成，其中三名为独立董事。董事会作出决议，必须经全体董事的过半数通过，而九名董事中单一股东最多只有两个席位。另外，J

公司前三大股东除了限售三年的承诺外，还承诺上市后 5 年内不谋求控制权。

我们认为，虽然很多规则下大股东是否为实际控制人影响不大（比如减持规定等），但监管部门会担心公司存在故意隐瞒的可能性。这种情况下，公司应详细向监管层说明无实际控制人的原因，并且前三大股东可以通过作出相关承诺减少监管层的顾虑。

【案例十一】

K 公司主营业务是为云计算和人工智能领域提供以芯片为基础的解决方案，目前主要产品包括内存接口芯片、津逮服务器 CPU 以及混合安全内存模组。该公司成立于 2004 年，于 2019 年 4 月申报科创板，2019 年 7 月 22 日成功上市。

K 公司自成立以来，经历 6 次增资，曾于美国纳斯达克上市一年，后私有化退市，目前公司股东多达 46 个，大股东持股比例为 15.90%。招股书显示，因 K 公司的股权颇为分散，不存在实际控制人。上海证券交易所要求 K 公司说明，在公司无实际控制人的情况下，其日常经营中重大决策的分工安排、主要机制以及出现重大分歧时的解决机制。

K 公司表示，公司虽无实际控制人，但自 2017 年 1 月 1 日以来，公司第一大股东未发生变化，主要股东（持股前 51% 的股东）也未发生重大变化。公司股东大会能够依照法定程序作出有效决议，不存在出现公司僵局的情形。报告期内所有出席股东对审议事项除需回避表决外，均一致通过。

笔者认为，在公司没有实际控制人的情况下，监管层除了担心公司隐瞒实际控制人外，还担心公司的正常运营和决策。这时公司应将决策的机制详细说明，特别是在解决重大分歧方面。

第二节 存在大额分红

分红是股份公司在盈利中每年按股票份额的一定比例支付给投资者的红利。有些公司在上市前大额分红,这就可能令监管层质疑其募投项目的合理性,特别是那些补充流动资金的项目,更让人觉得是为圈钱而编的故事。

这时公司应当说明大量现金分红不会影响公司的正常运营,以及相关分红的合理性与必要性。虽说公司还没上市前,分红的多少是由公司决定。但大量分红会对补充流动资金的项目很不利,公司应当权衡其中的利弊,给公众一个合理的解释。

【案例十二】

这里仍以前文中的 A 公司为例。申报稿显示,2016 年,A 公司的前身对股东进行了两笔现金分红,一笔金额为 7083.34 万元,另一笔为 2500 万元,合计现金分红达 9583.34 万元。2017 年,也对股东进行了两笔现金分红,一笔金额为 2750 万元,另一笔为 53500 万元,合计现金分红 56250 万元。2019 年 1 月,A 公司决定以截至 2018 年 9 月 30 日经审计的未分配利润进行现金分红,金额为 7218 万元。

申报科创板 IPO 前,A 公司向股东现金分红的合计金额达到 73051.34 万元。

截至 2018 年年末,A 公司的净资产为 91130.11 万元,加上 7.3 亿元的分红,共有超过 16 亿元的净资产,换言之,A 公司的股东分走了公司 44.49% 的净资产。

对此，A 公司在回复函中进行解释，提出如下两大理由。

一是 2017 年现金分红大部分以增资方式投入公司，用于满足经营发展资金需求。

2017 年，A 公司以 2016 年及以前年度实现的未分配利润进行利润分配，累计现金分红金额为 5.63 亿元，其实际控制人收到税后分红金额 4.5 亿元后，将其中 3.01 亿元以增资的形式投入公司，占分红金额的比例为 66.87%，因此大部分分红现金最终仍以资本金的方式用于公司未来经营发展所需。

二是报告期内现金分红系对多年累计经营成果进行的分配，占期初未分配利润比例较为合理。

A 公司自 2005 年 6 月成立以来，经过十多年的积累逐步发展成为国内领先的检测设备与整线检测系统解决方案提供商，同时业务规模和经营成果逐年扩大，至 2016 年年初未分配利润达 4.59 亿元。2016 年，公司对 2015 年及以前年度实现的未分配利润累计现金分红金额为 9583.34 万元，占期初未分配利润金额的比例为 20.88%。

2017 年，A 公司对 2016 年及以前年度实现的未分配利润累计现金分红金额为 5.63 亿元，剔除实际控制人增资公司的资金 3.76 亿元（还原个人所得税前金额）后，占期初未分配利润金额的比例为 34.29%；2018 年度公司未实施现金分红，而是于 2019 年 1 月以截至 2018 年 9 月 30 日经审计的未分配利润进行现金分红 7218 万元，占 2018 年 9 月末未分配利润金额的比例为 31.35%。

如上描述，A 公司认为，报告期内公司现金分红比例较为合理，不存在高额现金分红的情形。

我们认为，大量现金分红会使监管层担心相应的募投项目的合理性，特别顾虑募投项目是为圈钱而编的故事。在这种情况下，公司应将大量现金分红的原因进行详细说明，特别是大部分分红现金最终仍以资本金的方式用于公司未来经营发展所需，以解决监管层的后顾之忧。

第三节　诉讼如何应对

有的诉讼，因为涉及赔付金额较大，会给公司的生产经营带来困难。部分诉讼因为时点的微妙，更令众多公司头痛。重大诉讼对其他板块 IPO 影响或许很大，但对于科创板申报公司来说或许相对"宽容"。

尽管如此，也不意味着科创板企业就可以对重大诉讼视而不见。当重大诉讼发生时，公司应当详细披露事情发生的原因和进展，以及公司有利和不利的条件，说明诉讼对当期业绩的影响，也说明对未来市场的影响，最后再对相关的影响进行评估。总而言之，披露的信息要详细、真实，毕竟科创板以信息披露为核心，哪怕业绩变差只要仍能达到门槛仍可能顺利上市。我们认为，最打动监管层的可能是实际控制人进行的兜底承诺。

如果诉讼发生在上会前夕，公司也不用慌张，可以申请取消审核，将事件是否产生重大影响、万一败诉产生的风险由谁承担等进行详细披露。从案例来看，哪怕是上会当天的诉讼，也未必对公司有致命的打击。

那么，已经过会的公司是如何解决巨额诉讼和微妙的诉讼呢？接下来以下述三家公司为例，看其如何应对。

【案例十三】

来自竞争对手或第三方的诉讼，或许令不少公司"头痛"。这里举例的 L 公司，虽然也于 2019 年 7 月 22 日成功上市，但公司曾一度为遇到的相关诉讼问题所困扰。这家公司受到关注的除了相关诉讼，还有无实际控制人被上交所问询。

那么，L 公司究竟遇到了什么诉讼呢？据公司的招股书披露，公司涉及两起涉外专利诉讼事件：2018 年 11 月，波士顿科学（Boston Scientific Corporation）以侵犯其专利为由，同时在美国和德国两地针对 S 系列产品提起专利诉讼。

S 系列是 L 公司核心技术的应用系列产品。2018 年，S 系列在美国和德国的销售收入为 10.25 亿元，占总营业收入的 11.19%。尽管起诉方没有明确提出金额，但据 L 公司估计，如果最终被认定侵犯涉案专利权，预计的赔偿金额为 2539.59 万—4363.23 万元，占公司 2018 年营业收入的 2.75%—4.73%，占净利润的 12.49%—21.45%。

在这种情况下，L 公司的应对方式是如实说明。在回复上交所问询函中，L 公司表示，美国诉讼案预计在 2021 年收到一审判决书，德国诉讼案则预计在 2020 年收到一审判决书，产品在诉讼期间仍可正常在美国和欧洲销售。L 公司还表示，于 2019 年下半年在国外发行替代产品 S'，于 2020 年上半年基本应用在境外主要市场。涉诉产品不会对公司的生产经营产生重大不利影响，但目前该专利诉讼仍存在进一步扩展到日本、澳大利亚和加拿大的风险。

　　这一回应得到了上海证券交易所的认可，诉讼没有影响到上市进程。关于类似案件，相关律师也作出了解释：在医疗器械领域，诉讼很常见。很多公司会利用这种方式来建立专利壁垒，最终可能会跟对方达成和解，以此获取巨额的赔偿金。比如波士顿科学和强生，从20世纪90年代到现在发生过很多次诉讼，最终基本上是以达成和解告终。很多类似的诉讼案件都发生在国外。这是因为国内相关的医药公司和医药器械的研发起步较晚，其他国家都是巨头垄断了市场。这些巨头提起的诉讼，某种意义上是防御的手段，来防止你进入他的市场。换个角度讲，一个历史悠久、有着很强大的研发和市场能力的公司对某公司提起诉讼，也证明该公司本身有一定的价值。

　　正如律师所分析，我们认为，当重大诉讼发生时，公司应说明诉讼对当期业绩的影响，也说明对未来市场的影响。科创板以信息披露为核心，将诉讼最坏的结果说出，对公司IPO来说并不算太坏；如果有所隐瞒，相应的后果反而更严重。

　　【案例十四】

　　2019年8月26日，本该平静上会的M公司又激起了"水花"。据相关媒体报道，公司被一名自然人起诉，案由为"股东资格确认纠纷"，开庭日期为2019年8月28日。尽管有诉讼，但并未影响公司上市进程，8月26日晚间，上海证券交易所发布公告，同意M公司上市。

　　在上海证券交易所的问询里，也并不是没有关注到诉讼。上海证券交易所在聚焦公司毛利率、是否对专营经销商存在依赖、销售费用远低于同行公司的原因及合理性之后，对此前涉及的诉讼问题，也给予重点关注，要求公司说明诉讼案件是否对其经营目标与产品方向构成影响，以及诉讼产品是否属于公司研发的正在积极开拓市场的新产品。

这是怎么回事呢？2019年7月，M公司曾因卷入一起专利诉讼而被取消上市审核。M公司主要从事LED照明驱动芯片的设计，核心技术体现在芯片设计及制造工艺上，拥有专利149项、集成电路布图设计专有权105项。这意味着，公司极易遇到类似知识产权方面的诉讼。

M公司在更新的上会稿中披露，诉讼原告方起诉M公司两款产品侵犯其三项专利，请求法院判令公司停止制造、销售、许诺销售相关涉诉产品并销毁相关库存，赔偿其经济损失及制止侵权行为而支出的合理费用等。

对此，公司两位实际控制人曾承诺兜底，将承担判决结果确定的赔偿金或诉讼费用，及因诉讼案件导致的公司生产、经营损失。

M公司还表示，涉案专利不涉及核心技术，上述诉讼案件不构成对发行人业务经营或收入实现的重大影响，也不构成对发行人财务状况或经营成果的重大影响。但若公司在上述诉讼中败诉，可能导致公司涉诉的两款产品未来无法继续销售，进而影响公司的经营业绩。

同时，公司的业绩也不错。上会稿显示，2016—2018年，公司实现收入5.67亿元、6.94亿元和7.67亿元，对应净利润分别为2991.53万元、7611.59万元、8133.11万元。公司营业收入和净利润均保持了稳定的增长。

由于公司的解释及时且理由充分，上海证券交易所恢复了对M公司的审核，定于2019年8月26日上会参加科创板上市委

2019 年第 19 次审议会议。2019 年 10 月 14 日，该公司成功在科创板上市。

毋庸置疑，上会当天被拦截，可能会令大多公司措手不及。在这种情况下，公司应及时将诉讼的原委，以及诉讼可能造成的影响进行说明。其中最打动监管层的，可能是实际控制人进行的兜底承诺。

【案例十五】

号称主要产品月度活跃用户数超过 3.28 亿的 N 公司，也存在"巨额"诉讼。

N 公司主要从事 Office 办公软件产品及服务的设计研发及销售推广，产品主要包括 Office 办公软件和词霸等。从业务类型来看，N 公司的收入主要来自三个方面，即办公软件产品使用授权（销售模式主要是通过代理商经销）、办公服务订阅（销售模式主要是通过直销）、互联网广告推广服务（销售模式主要是通过代理商经销和第三方平台合作推广）。

2019 年 5 月，N 公司于公布的科创板申报稿中提及两项未决诉讼，分别为侵权诉讼和违约诉讼，且对手均为新三板甲公司。

甲公司在公告中表示，2015 年 11 月底，甲公司发现 N 公司官方网站及第三方下载网站上，有权属为 N 公司的 WPS 办公软件使用了甲公司的 PDF 技术，该技术为 N 公司实现了"Office 文档格式转 PDF 文档格式"的功能。甲公司立即对以上情况进行公证取证，并对 N 公司发布的各个版本的 WPS 办公软件中"Office 文档格式转 PDF 文档格式"功能的技术进行对比分析，发现 N 公司侵犯了其知识产权。

就此，甲公司将 N 公司的全资子公司告上法庭，分为侵权诉讼和违约诉讼两起，起诉时间分别为 2016 年 5 月和 2016 年 7 月。

在侵权诉讼中，甲公司要求 N 公司停止使用诉讼所涉软件，赔偿经济损失 400 万元和相应费用。法院于 2018 年 4 月作出一审判决，驳回甲公司的要求。

在 N 公司提交科创板申报稿后，法院于 2019 年 7 月 3 日对侵权诉讼进行终审判决，驳回上诉，维持原判。

关于违约诉讼，甲公司诉请要求 N 公司终止《软件合作开发技术协议》，立即停止使用和宣传含有某软件技术的相关产品，出具涉诉产品的累计安装用户数量、所有安装用户的具体信息资料，支付软件技术使用费 1 亿元和相关费用。但截至 2019 年 9 月 25 日尚未进行一审判决。

对于这个情况，N 公司在上会稿中表示，预估法院会在 2019 年 10 月内作出违约诉讼的一审判决。并表示，违约案件一般不会作出与基于同一事实的侵权案件相违背的裁判结果，公司被认定违约的可能性较低；但该违约诉讼仍存在败诉风险，一旦败诉可能对公司经营及业绩产生不利影响。

这个"巨额"诉讼并没有挡住 N 公司上市的步伐，其于 2019 年 11 月 18 日成功上市。

由此可见，有的诉讼涉及赔付金额较大，但如果公司有足够的信心，可以将可能胜诉的理由进行详细说明，以求得监管层谅解。

第四节　关联方资金占用较多

关联方资金占用，多指实际控制人占有公司的资金，关联方资金占用的多少关系到公司的独立性，以及内控制度是否完善。

如果公司成功上市后，依然有较大的关联方资金占用，则会有四大方面的坏处：首先，侵犯了上市公司的法人财产，严重侵害了中小股东的权益，违反了相关法律；其次，影响上市公司正常经营，导致上市公司盈利能力不断下降甚至退市；再次，加剧了上市公司的隐含风险，使投资者面临巨大的投资风险；最后，关联方占款对上市公司的实际财务质量会产生严重影响。

所以如果有较大的关联方资金占用，则会给监管层不好的印象。关联方资金占用，主要关系到公司的独立性，监管层和投资者会对公司的内控是否有效实施表示怀疑，同时也担心公司上市后，关联方会掏空公司。

对此，公司应当尽量避免关联方资金占用，并将内部控制有效地实施。如果关联方资金占用难以避免，应当证明相关占用不会影响公司运营，并说明相关占用的必要性。

那么，在面对关联方资金占用时，拟上市公司如何应答监管机构的问询？

【案例十六】

O公司的关联交易主要存在两个方面，一是大额支付，主要用于股份；二是大额资金拆借。在描述这两方面情况之前，先来看公司的基本情况。

O公司主要提供光学目标与场景仿真、光学制导、光电专用测试和激光对抗等方向的高精尖组件、装置、系统和解决方案，并通过军用技术向民用领域转化，衍生出多类智能光电产品。这些主营业务并未带来营业收入和利润的大幅增长，2016—2018年，O公司的营业收入虽然连续增长，但仍然较低且增速较慢，分别为1.59亿元、1.82亿元、2.08亿元，年复合增长率为14.64%。

从产品类型来看，2018年光学目标与场景仿真系统最多，比例高达60.04%。而2016年和2017年占比最多的是光学制导系统，其比例分别为61.74%和48.65%。这种变化也导致O公司产品性质的结构发生变化。

O公司在上会稿中，按性质不同将产品分为两类，即批量产品和研发产品。批量产品为通过军方定型鉴定，最终达到批量生产条件并配套武器装备型号所批量生产的产品；研发产品为按照客户对相关技术指标、性能参数的要求进行单独设计、研发、生产的产品。2016—2018年，O公司研发产品的比重连续增长，分别为20.19%、43.35%、79.8%。

而在这种情况下，O公司2016—2018年的归母净利润有所波动，分别为6684.17万元、4019.8万元、7267.61万元。

为何会出现归母净利润波动的情况呢？主要受两大因素影响。

一是股份支付。2017年1月，O公司员工持股平台甲、乙分别以1057.5万元、769.5万元增资。彼时O公司整体的交易估值只有5亿元，而2017年3月外部投资者的交易估值达到15.6亿元。由此形成的差价，O公司确认股份支付费用3460.78万元。

二是大额资金拆借（关联方资金占用较多）。O公司实际控制人为康某和他的妹妹康某某，合计持有公司 75.05% 的股份。

2010 年 4 月，康某等 O 公司的股东在哈尔滨新注册成立了 P 公司，理由是"受邀参与产业集群建设，支持松北区的产业发展"；但因注册地等影响，为尽快开展项目建设，康某等股东决定成立 P 公司。作为 O 公司的关联公司，P 公司获得了 O 公司不少帮助。2016 年年末、2017 年年末，O 公司向 P 公司及康某等资金拆借的余额分别为 2.53 亿元和 2.66 亿元。而 O 公司 2017 年年末的总资产才 7.25 亿元，净资产为 4.14 亿元。直到 2018 年下半年，相关资金占用问题才彻底解决。

这么大额的资金拆借，自然引起了上海证券交易所的关注。O 公司从四个方面进行回应：第一，公司发生关联方资金占用的主要原因系为了支持当地产业发展，不属于主观故意或恶意行为，不构成重大违法违规。第二，截至 2018 年 9 月 30 日，公司关联方资金占用问题已彻底解决，不存在关联方资金占用余额，后续亦未发生关联方资金占用。第三，对于 P 公司、康某资金占用，O 公司按照同期银行借款利率计提并收取了利息，未损害公司及股东利益。第四，股份公司设立以来，公司已经逐步建立、完善相关内部控制制度，相关内部控制制度合理、正常运行并持续有效，公司董事会、股东大会对报告期内关联方资金占用予以审议确认，并由独立董事发表了独立意见。

因此，"公司报告期内资金占用相关决策程序已经完备，关联方资金占用未对公司内部控制制度有效性造成重大不利影响，不属于内部控制执行的重大缺陷"。这些应答，帮助 O 公司于 2019 年 7 月 22 日成功上市。

这个案例的典型性在于，尽管存在两方面的关联交易，公司仍涉险过关。分析公司的应对，我们得出以下结论：公司能否成功上市，其独立性是重要的考量。因为如果公司上市成功，其将成为一家公众公司，监管层担忧公司的实际控制人会掏空资产。这时拟上市公司首先应根据实际情况，表明资金占用不属于主观故意或恶意行为，不构成重大违法违规；并说明资金占用问题如何解决，并设立一系列的内控制度防止同样的问题再次发生，从而打消监管层的顾虑。

第五节　曾涉及对赌协议

对赌协议就是收购方（包括投资方）与出让方（包括融资方）在达成并购（或者融资）协议时，对未来不确定的情况进行一种约定。如果约定的条件出现，融资方可以行使一种权利；如果约定的条件不出现，投资方则行使一种权利。所以，对赌协议实际上就是期权的一种形式。

对赌协议是 IPO 审核的重点之一，其是否完全解除，关系到公司未来的业绩和股权稳定。不少公司曾经签署过对赌协议，从过往案例来看，如果能将对赌协议完全清除，即使是在提交申报稿后，监管层也会认可。而如何将对赌协议清除干净，则会考验公司与相关投资方的交涉情况。

【案例十七】

Q 公司主要从事医药中间体、原料药和制剂产品的研发和生产业务。公司控股股东为袁某，实际控制人为袁某和钟某（两人为母子关系），其合计控制 50.94% 的表决权。

因资本力量的入驻，Q 公司曾签署对赌协议，但其在申报稿中并未详细说明。对此，上海证券交易所在问询函中对 Q 公司的"对赌"信息进行了深度"挖掘"。其成果也直接在 Q 公司的上会稿中体现，Q 公司上会稿中的关键词"对赌"共有 48 个，比之前申报稿多了 43 个。

上会稿显示，Q 公司共签署 4 份对赌协议，涉及的股东众多。

2015 年 9 月 16 日，Q 公司实际控制人袁某与多家公司签订对赌协议。双方约定 Q 公司需在 2020 年年底前完成上市，如若未达成，需按 10% 的年利率进行回购。同日，袁某签订了另一份对赌协议，双方约定 Q 公司需在 2017 年 6 月 30 日前完成新三板挂牌，如若未达成，还是按 10% 的年利率进行回购。

两年后，Q 公司签署了第三份对赌协议。双方约定 Q 公司2016—2018 年的净利润分别不少于 3000 万元、4800 万元和 8000万元，如若未达成，需按差额进行一定的补偿。另外，该对赌协议也对 Q 公司的上市进行了要求，比如 60 个月内未能成功上市，投资方有权要求按 10% 的年利率进行回购。

最近一份对赌协议，则是在 2018 年 11 月 22 日签署。协议约定，Q 公司需在 2022 年 12 月 31 日上市，如若未达成，需按 10%的年利率进行回购。

不过上会稿显示，Q 公司已与相关投资方签署终止协议。之后，Q 公司于 2019 年 11 月 8 日成功上市。

笔者认为，若公司签署对赌协议，监管层担心对赌协议会对公司上市后的股权稳定，以及相关利益造成损害。因此，公司应尽可能在申报 IPO 前解除对赌协议。

第六节　行业面临冲击

行业有时决定着公司的发展上限和未来前景。"皮之不存，毛将焉附"，如果行业面临被替代风险，公司也可能出现业绩下滑。

替代品威胁是美国"波特五力模型"中的一种力量，是指对生产或销售被替代品企业的竞争地位和利润以及被替代品产业的平均利润率所造成的负面影响。威胁的大小与替代品是否存在和替代品的价格、产业的技术进步、政府管制等有关。威胁越大，产业平均利润率和产业结构吸引力越低。

所以这时候，公司如何进行说明十分重要，否则可能难以顺利在科创板上市。这时公司可以将行业受到的冲击细分化，同时说明公司的应对策略。具体以下面的案例来进行分析。

【案例十八】

R公司主要从事蜂窝陶瓷技术的研发与应用，从主要产品来看，其直通式载体、DPF产品主要应用于柴油车尤其重型柴油车尾气处理，VOCs废气处理设备则主要应用于石化、印刷、医药、电子等行业挥发性有机物的处理。于2019年4月申报科创板，2019年11月6日成功上市。

2016—2018年以及2019年上半年，R公司营业收入分别为9286.87万元、1.96亿元、2.48亿元、1.31亿元，对应的归母净利润分别为612.47万元、5566.46万元、4676.14万元、3429.96万元。

从产品分类来看，R 公司的主要收入来自蜂窝陶瓷载体，同期占总营业收入的比重分别为 71.26%、86.8%、73.21%、90.95%。资料显示，R 公司生产的蜂窝陶瓷载体主要应用于内燃机尾气处理系统，以应用于汽车内燃机为主，车型主要为商用货车。

需要指出的是，关于支持新能源汽车发展的政府文件频繁发布，显示出新能源汽车发展的大趋势。比如 2019 年 8 月，国务院办公厅发布《国务院办公厅关于加快发展流通促进商业消费的意见》，其中提及有条件的地方对购置新能源汽车给予积极支持，鼓励金融机构对居民购买新能源汽车等绿色智能产品提供信贷支持，加大对新消费领域金融支持力度。另外，同月国务院发布《国务院关于印发 6 个新设自贸试验区总体方案的通知》，其中提及支持在广西自贸试验区内发展新能源汽车产业，加强与东盟国家在汽车产业的国际合作，符合条件的新能源汽车投资项目按照《汽车产业投资管理规定》办理。

而该公司的产品因为主要运用于内燃机尾气处理，因此，上海证券交易所担心 R 公司目前的业务和技术存在被淘汰或迭代风险。

对此，R 公司在回复公告中表示，燃油车依然是主流车辆，公司受替代性竞争冲击较小；新能源汽车补贴逐步减少；随着新能源汽车技术的不断发展，传统内燃机驱动的汽车因尾气排放污染将受到越来越严格的限制。随着尾气后处理技术和蜂窝陶瓷技术的发展，排放标准将进一步提高最终实现"零排放"目标，传统内燃机汽车将与新能源汽车并驾齐驱，充分发挥各自优势，蜂窝陶瓷载体的市场空间亦将进一步打开。

不过，R公司也在上会稿中坦言，如果新能源汽车取得重大技术突破并大规模取代内燃机汽车，将对内燃机尾气后处理催化剂载体的市场规模造成较大影响，进而影响公司的盈利能力。

在一番说明之后，R公司最终得以在科创板上市。

笔者认为，朝阳行业和夕阳行业并没有绝对，比如汽车取代马匹成为代步工具，但马匹行业并没有因此终结。所以如何应对行业受到冲击，公司如何做大做强，是监管层关注的重点。这时公司可以将行业受到的冲击细分化，阐述替代品在未来几年的短期影响，同时也结合自身的实际情况，来说明长期该如何应对。R公司这里就提出了一个有趣的概念，即新能源汽车虽然有替代性，但传统内燃机驱动的排放标准也会提高，从而实现"零排放"并和新能源并驾齐驱，以此说明公司产品的市场广阔。

第九章

如何应对舆论压力

除了监管层外，媒体的质疑也需要关注。此前一些财务造假的拟上市公司也是被媒体挖掘而出，最后 IPO 之路折戟。另外有些公司，因为被众多媒体质疑，却又拿不出合理的解释，从而 IPO 失败。

如果公司本身并不存在舆论中指出的问题，对于媒体的质疑要如何说明？如果公司存在问题，又要如何应对？下面以四个案例来进行具体分析。

第一节　回应主营业务质疑

【案例十九】

2019 年 6 月 19 日零点，前文中首只获准科创板 IPO 注册的 A 公司，率先披露了《上市发行安排及初步询价公告》，吸引了众多的目光。

当然，众多目光中，既有欣赏的，也有质疑的。

同日，一家自媒体发表了一篇名为《科创板1号A公司，五百多次号称芯片，但收入占比仅千分之二，涉嫌严重欺骗!》的文章，引发市场的强烈关注。

该自媒体主要质疑A公司三点：

一是A公司在招股说明书中，将主营业务表述为半导体检测设备，122次提及"半导体"、248次提及"集成电路"、184次提及"芯片"，但近三年，A公司来自集成电路的收入只有583.77万元，占总收入的比重仅0.2%。

二是A公司在主营业务描述、技术先进性说明、应用领域分类、行业风险提示等几十个地方，都把收入占比仅0.2%的集成电路和收入占比98%的平板显示进行并列。

三是A公司的机械设备98%是用于检测平板显示是否合格，而显示屏和触控屏等平板显示，并不归为芯片。

针对质疑，A公司作出回应，其发出公告进行澄清。包括报告期后的数据、签订的相关合同，以及未来的研发。

首先，A公司承认报告期内（2016—2018年）集成电路的比重确实很少。但公司表示2019年1—5月营业收入同比增长58.61%，净利润同比增长22.87%，主要原因系电池管理系统芯片检测设备的市场扩展方面实现了突破。

其次，A公司已与多家客户签订相关订单，总金额超过3亿元，相关检测设备已陆续交付。此外，此次IPO的募集资金中，有2.6亿元用于半导体事业部建设项目，所以将集成电路作为主营业务之一符合公司情况。

在A公司澄清公告发出后，2019年6月20日发表质疑文章的自媒体发表情况说明，其表示自身经验欠缺，对造成的不利影响深表歉意，并祝愿 A 公司开市大吉。

2019 年 7 月 22 日，A 公司"圆梦"登陆科创板。

当媒体报道有误，对于媒体的舆情，公司可以先从中找出错误最明显的点，然后将这点说透。如果先说细枝末节，大众的第一印象便是公司在狡辩。

当媒体报道属实，且不存在较大问题时，公司也不需要慌张。科创板是以信息披露为核心的注册制，而不是强调业绩指标的审核制，公司应主动将事情说清楚。

第二节　回应分红质疑

【案例二十】

S 公司成立于 2006 年，主要从事自动化设备、自动化柔性生产线、自动化关键零部件以及工装夹（治）具等产品的研发、设计、生产、销售及技术服务，同时，亦可为客户提供数字化工厂的整体解决方案，业务涵盖消费电子、汽车、新能源等行业领域。

2016—2018 年，S 公司的营业收入分别为 15.5 亿元、19.91 亿元、25.18 亿元；归属于母公司所有者的净利润分别为 2.76 亿元、0.80 亿元、3.23 亿元。S 公司共有 8 名股东，无自然人股东持股的情况。

在 IPO 期间，有媒体发表《先分红 3 亿，再借 5 亿，现在又要来科创板 IPO》的文章，对 S 公司 2017 年度的分红、经营现金流及银行借款情况进行了列式，指出 2017 年度 S 公司经营性现金净流量为负，同时 2017 年年末银行短期借款为 5.1 亿元，但是当年度选择分红 3 亿元。

对此质疑，S 公司先是解释了经营性现金净流量为负的原因，主要系 2017 年某客户调整了支付货款的流程，导致收款周期略有延长所致。2017 年年末对应收账款余额于次年 1 月收回 5.82 亿元，公司 2018 年度的经营性现金净流量达到 7.94 亿元。这个解释，比较完美地解决了媒体的重要质疑，即公司经营活动的现金流并不差，公司运转正常。

同时，公司还表示，短期借款和利润分配不属于经营活动产生的现金流，与 2017 年经营性现金净流量为负没有关系。

此外，针对分红的合理性，S 公司也进行了说明，即现金分红决议发生在 2017 年 5 月，在该时点，公司并不能预测到 2017 年第四季度客户会追加订单，以及因客户调整付款流程而导致应收账款延长收回，产生短期营运资金缺口。

最终于 2019 年 4 月申报科创板的 S 公司于 2019 年 10 月 30 日成功过会。

对于媒体的质疑，S 公司首先说明经营性现金净流量为负的原因，以及后一期的经营性现金净流量已经明显增长，使监管层和投资者最重要的疑惑基本解决。

媒体行业的从业者，不少是新闻系出身，对于财务知识可能有所欠缺。S 公司抓住这一点，找出一个比较明显的错误，从而让该媒体的报道定性为不专业。总体而言，S 公司解决质疑的方法比较简单明了，同时也比较实用。

第三节 回应董事长低薪质疑

【案例二十一】

T公司主营业务是特种气体的研发、生产及销售，辅以普通工业气体和相关气体设备与工程业务，提供气体一站式综合应用解决方案。特种气体广泛应用于集成电路、显示面板、光伏能源、光纤光缆、新能源汽车、航空航天、环保、医疗等领域。该公司成立于1999年，于2019年4月申报科创板。

T公司属于化学原料和化学品制造业，2017年2月，曾在新三板挂牌，并在2018年4月16日终止挂牌，是一家从新三板摘牌后冲刺科创板的公司。

2016—2018年，T公司分别实现营业收入6.57亿元、7.87亿元和8.18亿元，年复合增长率为11.58%，对应的归母净利润为3854.68万元、4837.63万元和6789.22万元，年复合增长率为32.71%。报告期内，T公司主营业务毛利率分别为32.35%、33.03%和32.44%，略有波动。

这家公司的业绩虽然不能说非常高，但也绝对不差。问题是，为何董事长的年薪却很低？这个问题，被媒体敏感地关注到了。

对媒体质疑T公司的董事长年薪偏低。T公司于回复函中表示，公司董事长2018年度薪酬为3.96万元，明显低于公司其他董事、监事、高级管理人员当年薪酬，主要原因系：该董事长为公司创始人，目前不直接从事公司日常经营管理工作，公司日常经营管理工作由公司高级管理人员负责，董事长通过参与董事会的审议决策工作控制公司重大事项和经营战略的方向。公司的管理人员薪酬主要面向直接参与公司日常经营管理工作的管理人员，董事长并未作为公司管理人员取得薪酬，公司对其支付的薪酬系根据《董事聘任协议》支付的董事津贴。

T 公司还表示，假设按公司以 2018 年高级管理人员最高薪酬 116.94 万元向董事长支付薪酬进行测算，其对公司 2018 年净利润的影响为 96.03 万元，影响并不大。

由于公司的回应及时，媒体的质疑并没有影响到上市。2019 年 12 月 26 日，T 公司成功登陆科创板。

【案例二十二】

U 公司主要从事合金材料和合金制品的制造，其中合金材料包括高品质齿轮钢、高品质模具钢、特种不锈钢以及高温合金、超高强度钢等；合金制品主要包括以合金材料为基础制成的风电装备、轨道交通及各类精密机械部件。该公司成立于 2006 年，于 2019 年 4 月申报科创板，2020 年 2 月 11 日成功上市。

在 IPO 期间，有媒体质疑 U 公司研发实力，篡改可比公司数据；大量向自然人采购，公司内控成问题等。下面从两方面来介绍媒体的质疑和公司方面的应对。

第一，媒体文章列示了 U 公司各期研发费用占营业收入的比例，并对比了同行可比公司 2018 年年度报告中列示的研发投入占营业收入的比例情况，认为 U 公司存在以下情形：一是篡改同行公司数据，披露的同行公司研发费用占比仅 2016 年正确，2017 年是没有任何来源的虚假数据，2018 年则"移花接木"地采用同行公司母公司研发费用占营业收入的比例；二是公司存在研发费用较低、研发实力存疑的情形。

对此，U公司于回复函中表示，公司披露的研发费用占比来源权威、计算准确，各可比公司口径一致。为此，U公司还特意列了一张比较大的计算图表。

公司还表示，根据同行公司年度报告，其披露的研发支出不仅包含费用化的支出，也包含资本化的支出及其他转出。计入各期研发费用的金额与公司计算可比公司研发费用占比时采用的数据一致。

U公司也是抓住媒体财务知识方面的漏洞。简单来说，研发支出即有当期费用化的一部分，也有形成资产需要进行摊销的部分。该媒体没有弄清楚这点，便下了不正确的定义。U公司抓住这点，直接给监管层和投资者留下"该媒体不够专业"的印象。

之后，U公司"顺水推舟"说出为何研发费用率较低的原因，即不同于生物医药、半导体等快速迭代的行业，特殊钢产品终端应用于各类机械装备，在成熟的应用场景下，特殊钢材料需要持续满足设计使用要求，材料质量的稳定性是客户关注的主要方面，产品的受益期一般较长，研发成功后在收入放量的阶段无须进行大规模的后续投入。

第二，媒体质疑认为U公司不是农业公司，向自然人采购属于极不规范的经营行为，进而推断公司内控可能存在问题。

U公司则表示，公司采购的废钢系机械加工、装备制造等行业生产过程中产生的边角料、车屑等，其最终来源为产废公司。而对于产废公司而言，自行销售废旧材料需投入人力、物力进行收集、清理、打包和运输，成本较高，因而围绕着这批产废公司产生了一批专门从事废旧物资收购再销售的个人或个体工商户。

上述自然人将收购的废钢进行整理之后，再售予具备废旧物资回收资质的公司或用废公司，因此自然人是联系产废公司与废旧物资回收公司、用废公司之间的重要桥梁。

此外，公司相关主体均具备废旧物资回收资质，公司也建立了健全的内部控制制度，保证废钢收购的实物流、资金流、单据流合规可控、可验证。

U公司的回应，基本上把监管层和投资者的后顾之忧解决了。

我们认为，对于媒体的质疑，公司可以用数据说话，用事实说话，必要时可把详细的计算方式用图表进行呈现。这样的可信度会增加不少，同时也能减少监管层的担忧。

结语

科创板成效初显，如何行稳致远

2020 年 6 月 18 日，在第十二届陆家嘴论坛的浦江夜话环节，中外嘉宾就科创板相关问题展开讨论。一年前，万众瞩目的科创板在黄浦江畔开启了我国资本市场历史性变革的重要里程；一年来，科创板整体运行平稳，制度性改革稳健推行，"试验田"成果初现，100 多家企业成功挂牌，科创企业与资本市场对接进入一个换挡升级的新时期。

如何总结科创板的经验成果，进一步完善体制机制，推动中国资本市场深层次改革？科创板在制度与政策层面，还有哪些优化或完善的空间？国外成熟证券市场又能为科创板与注册制提供怎样的借鉴？

全国政协委员、上海新金融研究院理事长屠光绍认为，科创板及注册制取得的阶段性成果，主要体现在两方面：一是科创板为科创企业运用好资本市场的资源创造了渠道，具有引领和示范效应，为更多的科创企业未来利用资本市场创造了更大的空间。二是注册制经过一年的试点，不断总结经验，所以才会有推广到其他板块的安排，这点对深化资本市场改革意义重大。

一、支持科创成效初步显现

2019年，上交所设立科创板并试点注册制，这是近年来我国资本市场力度最大、影响最深的一次改革。一年来，科创板运行稳健，市场规模稳步提升，在助力科技创新、深化资本市场改革方面发挥了重要作用。

上海证券交易所理事长黄红元表示，一年来，科创板平稳起步，各项改革发展工作总体符合预期。截至2020年6月12日，科创板实现110家公司发行上市，累计筹资额达1274亿元，总市值1.71万亿元，日均交易额156亿元，上市股票涨跌幅中位数111.25%，两融日均余额86亿元。科创板建设工作取得了一些可喜的进步：一是支持科技创新的成效初步显现；二是试点注册制平稳落地；三是关键制度创新经受住了市场检验；四是市场运行总体平稳，交易活跃度较为理想，投资者行为较为理性，交易秩序良好。

焦桐共享金融研究院负责人左剑明认为，科创板的设立，提高了企业在一级市场股权融资的便利性。企业在未上市以前，往往难以获得有效金融支持，而随着注册制的到来，迈进资本市场大门的速度明显加快，加之对新兴产业美好前景的憧憬，估值定价也水涨船高。所以，在给科创板打分的过程中，不仅看场内"记分牌"，还要计算上场外得分情况。

科创板自诞生以来，就对高科技公司彰显出较大的吸引力。安信证券分析师诸海滨认为，科创板开板一周年，51家TMT公司成功上市，板块的引领性和示范性显著。整体来看，以半导体为代表的"硬核"科技涵盖芯片设计到半导体材料、半导体设备再到 IDM 全产业链，以信息安全、云计算为代表的"软件"产业链公司和以电子元器件、高端电子材料等"硬件"产业链公司三分天下，分别有 16 家、20 家和 15 家。此外，还有 5 家半导体产业链公司已经过会并提交注册，包括芯朋微、芯原股份、力合微、敏芯股份和寒武纪。

独立财经评论人布娜新认为，科创板作为注册制"试验田"，在诸多制度建设上都具有较大突破。未来，科创板还需要进一步发挥示范作用，增强资本市场对科技创新企业支持力度，不断完善资本市场监管机制，打造一个规范、透明、有韧性的资本市场。

二、深刻影响各方参与主体

过去的一年是不平凡的一年，为深度参与科创板的市场各方，皆留下了深刻的烙印。

券商作为保荐机构，一路陪伴科创板企业上市。海通证券股份有限公司党委书记、董事长周杰认为，设立科创板并试点注册制对倒逼券商行业改革，提升券商内部管理起了很大作用。服务科创板企业是一个全新的领域，包括信息披露、保荐责任和销售定价、销售队伍的建设、估值能力等方面都需要提升，倒逼券商必须在人才队伍建设、管理流程完善以及激励机制提升方面作出一些重大改革。

一年来，科创板不断积累经验，交易所、监管机构、企业、中介机构投入的资源也不断加大，同时审核的机制也在不断完善，审核速度持续加快，审核时间从平均 65 天减少到 47 天，考核题目的数字从原来的 47.4 道减少到目前的 30.2 道。

关于审核"加速度"，上海证券交易所副总经理刘逖认为，第

221

一，问询更精准。突出重大性、针对性，重点关注影响投资者判断的一些关键问题，避免前期类似于题海战术的免责式问询，问题设置上尽量做到减量、提质、增效。第二，更高效。随着审核能力的提升以及中介机构的经验积累，整个审核过程更加高效。第三，更务实。严格围绕发行上市条件和信息披露的要求把关，不在明确的条件之外设立新的关口、提高门槛。第四，更协同。优化审核作风，强化服务意识，帮助发行人、中介机构理解监管机构的一些想法，提高中介机构的回复质量。

周杰指出："审核质量并非以题目多少来衡量。题目少了，说明中介机构和企业对以信息披露为核心把握得更准确了，在提交第一稿时就把该说的问题都说清楚了。其次，这也体现了科创板的包容性。中介机构特别是券商在项目立项时也要把好入口关。项目本身质量高，那么被问的题目自然就会少。"

过去，很多发展势头良好的创新型企业都赴境外上市，而科创板补齐了资本市场服务科技创新的短板。

优刻得科技股份有限公司董事长兼首席执行官季昕华认为，阿里巴巴、京东、百度等企业当年之所以选择在海外上市，除了一些不盈利的原因以外，很大程度在于国内当时并不支持同股不同权。2019年年初，我们看到科创板在指导原则里面支持了同股不同权，这样会使更多的科技互联网企业考虑在国内上市。

三、引导更多长期投资者参与

关于上交所对发展科创板长期投资的有关思考，黄红元认为，从制度供给的角度看，科创板目前亟待解决的短板问题，也是国际最佳实践中反映出的有效经验，就是要鼓励引导长期投资者参与科创板。

中国市场并不缺少资金，但缺少真正做长期投资的"长钱"。在黄红元看来，科创板希望引入真正的中长期资金进行长期投资：一是推动改善投资者结构。二是让机构投资者更好发挥作用。科创板网上、网下发行的基本比例是 2∶8，回拨后最多可变成 4∶6；开板初期网下部分不低于 50% 优先向六类中长期资金配售。科创板公开发行自律委员会倡议，对获配售的中长期资金随机抽取 10% 并锁定 6 个月，促使其以长期投资策略指导定价投资。三是优化大股东、IPO 前的老股东减持"批发+零售"机制，探索有效应对减持问题的市场化路径。科创板上市公司的大股东、老股东今后可以采用向中长期资金网下询价、配售等新的减持方式，可为长期投资者留下业务接口。

下一步，上交所将配合中国证监会积极研究推出鼓励、吸引中长期投资者的制度。条件具备后，拟通过自愿安排或承诺等方式，对真正采取长期策略的机构投资者建立公开备案名单，使其在发行询价、定价、配售过程中发挥更大作用，获得更多的机会，并自愿承担长期投资的相应责任，推动市场投资者结构逐步趋于合理。

复旦大学经济学博士、财经学者王国进认为，长期投资者制度是对科创板制度的一种较大跨越和创新。目前的科创板上市企业有很多潜力无穷的"独角兽"，但是也有不少令普通投资者无法看清发展前景的"隐形冠军"。所以，长期投资者一定是有丰富投研水平的实力投资机构。这样的投资机构不但要看得清方向，还要耐得住寂寞，承担得起风险。

四、板块政策具有优化空间

中国的科创板需要更好地帮助科技企业成长，也需要继续发挥资本市场"试验田"的作用。

伦敦证券交易所首席执行官大卫·施维默认为，首先必须要有很好的信息披露和严格的监管体系。信息披露需要有一个平衡，一方面要让发行人承担起责任、公布信息，让投资者可以去评估风险和机会；另一方面，披露准则也要具备灵活性，让企业能够快速募集资金。其次就是需要培养一个投资者群体，包括市场的参与者、分析师以及承销商。

在大卫·施维默看来，还有一些重要的因素，比如灵活性。虽然目前对于科技有很多关注，但是市场会变化，需要对其他行业足够开放。伦敦证券交易所有科技企业、医疗企业、资源行业还有很多大宗商品板块，市场必须要跟随投资者的角度不断调整，确保不同的板块都有足够的渠道获得充足的资金。

中微半导体设备（上海）股份有限公司董事长兼总经理尹志尧认为，科创板的重点是推动科创企业发展，特别是硬科技金融企业的发展。硬科技金融企业研发投入特别大，相应的财务表现就不是很好。所以希望相关部门在这方面进一步研究政策，能够促进科创企业敢于大量投入研发，不至于太担心亏损的问题，主要是看企业竞争力、产品的竞争力和发展速度。

在尹志尧看来，由于科创企业需要的资金特别多，从纳斯达克的经验来看，大多数真正有竞争力、需要大量研发投入的都是无实际控制人的企业。但在我国，很多人觉得如果一个企业没有实际控制人，在股权上就比较难管理，而实际情况是科创企业多数无实际控制人，希望科创板政策方面可以研究解决这类情况下如何确保企业健康发展。另外，"科创企业有形资产、固定资产是次要的，主要是无形资产。员工的科技创新能力会使公司的市值有大幅提高"。这和传统生产企业不一样，所以希望科创板的政策能够倾向于这些企业。总的来讲，要解决"人"的问题和"钱"的问题。

大卫·施维默提出，科创板运行已有一年，《证券法》也进行了修订，取得了很大的进步。对于科技企业来说，中国市场是非常受欢迎的。同时，现在也面临着许多机遇，比如如何进一步向国际资本开放，吸引国际公司在科创板上市，让中国的投资者接触到更多的国际公司。这也可以帮助中国的企业获取国际资本。

五、希望更多优质公司来报到

关于科创板的改进空间，上海市经济学会证券市场研究专业委员会主任、华东师范大学教授叶德磊认为，一是应尽快编制并出台科创板指数；二是科创板与创业板应错位竞争，注重吸引具有真正高科技含量的公司来上市；三是考虑到科技含量高的公司往往伴随较高的经营风险，对此类公司的上市条件、经营业绩方面的要求，应进一步放宽，退市也应更加坚决一些。

至于科创板再融资问题，王国进认为，这需要吸收目前主板、中小板和创业板的经验和教训，不能只把投资者当成"唐僧肉"，进行没有节制的再融资和肆无忌惮的套现，而是要更多考虑投资者的利益。从制度设计来说，可以考虑延长实际控制人和主要股东所持股份的锁定期和减持期限，同时，要对那些不能履行前一轮融资和再融资承诺的企业，严格限制其开展新一轮融资。

应进一步完善板块基础制度。王国进建议，希望在科创板的制度创新中，考虑放开 T+0 交易；对于上市公司和中介机构的作假行为大幅提高惩罚力度，并严格执行退市制度；由于科创板事实上在为注册制的全面推出积累经验，为确保中国股市的健康发展，建议今后退市企业与上市企业基本达成平衡，保证 A 股上市企业总体数量不要增加太多。

"希望更多优质公司来科创板报到。"左剑明说道，股市的生命线就是上市公司质地，目前来看科创板平均 90 倍市盈率，处于显著高估状态。如果成长性突出，那可以用时间来加以消化；如果平淡乏味，那随着时间的推移，股价自然会向均值靠拢。所以，希望通过科技进步打通"任督二脉"，企业在开辟新蓝海的同时，能够有效降低成本，从而提升竞争力。

六、对科创公司的几点建议

科创板首次让科创属性成为公司上市的重要指标。目前，监管及政策环境为科创建设提供良好支持氛围，推动科创公司与资本深度结合，进而共同促进中国科技创新、产业升级。

科技创业者迎来历史性发展机遇，实现快速规范的发展、进一步做大做强公司，成为其普遍诉求及共同期待。同时，中国科创公司的培育及自身快速、规范发展，科创生态系统的良性运转，均离不开成熟科技金融服务模式的支持。

2019 年 12 月 12 日，为落实《关于着力发挥资本市场作用促进本市科创公司高质量发展的实施意见》（"浦江之光"行动），加快培育优质科创公司，促进科技与金融深度融合，营造健康的投融资生态体系，上海科创办和市金融工作局在前期调研、总结工作的基础上，联合开展新时代资本市场助力上海科创中心建设研讨会，为下阶段有效培育科创公司通过资本市场取得高质量发展奠定基础。其中，多位来自金融、法律、科创专业领域人士就"优化科技金融服务模式，营造创新创业生态环境"展开主题讨论。

在扎实做好主营业务、修炼好内功的同时，对标科创板的科创公司需要在过会前、过会中和过会后避开诸多合规雷区，合理安排融资计划，借助 IPO、并购的方式快速做大做强，妥善解决好不同阶段面临的不同问题。

（一）要注意精心修炼"内功"

对于资本市场而言，科创板的设立，不仅有助于科技细分领域龙头加速形成、有利于提振实体经济，也将为各类股权投资机构提供一种全新的退出渠道，并为社会资本向股权投资领域的持续流入，打开新的资金窗口。

上海交通大学上海高级金融学院学术副院长严弘指出，科创板的推出，是目前金融市场和创新创业行业都在讨论的话题。科创板的推出某种程度上借鉴了纳斯达克板块的推出，而纳斯达克板块的推出对美国推动创新创业环境发展起到了至关重要的作用。

此外，在美国，硅谷、波士顿等地往往是科创公司比较集中的地方，退出机制也较为值得借鉴。即在科创公司发展到一定程度，能够被市场接受，并实现在纳斯达克上市，进而步入发展快车道的情况下，风险投资机构也可以选择退出。

创新创业公司资金的来源大多数不是从银行这样的传统金融机构中来，而是更多来自风险投资机构。风险投资机构往往针对一些创意和科技上的突破来判断创业公司是否能够真正在市场上得到发展。"这其中的风险很大，而风险投资之所以能够一直进行下去，很重要的原因就是有一个很好的退出机制"。

创新创业是经济转型发展的重要动力。科创板为助力经济转型发展提供载体及沃土，亦成为众多科创公司的标杆参照。想要办好科创公司，需重视以下五方面要素。

第一，创业者一开始满腔热血，想要凭借一技之长在市场上进行开拓。但如果要真正保证公司始终处在比较好的轨迹上，还需进一步从市场需求方面进行考虑，即所生产的产品在市场上的空间有多大，技术的运用是否能解决一定痛点等。

第二，公司方面不可操之过急，尽管漫长的道路上有包括并购在内的很多退出途径，但还是要把自己的事情做好。

第三，尊重市场，倾听市场的声音，以新的产品引导市场。当无法做到引导市场的时候，也要想出路，同时也需注意遵纪守法，做好合规。

第四，注意风险防范，着眼规划未来，避免出现一下子融很多钱的情况，或者融到一笔就觉得很富的心态。

第五，注意对整个公司的架构进行安排，科创公司一开始往往是好友之间的合作比较多，之后引入合作伙伴。在这个过程中需要遵守规则，特别在激励机制方面，这些都是公司一开始就要想清楚的事情。

(二) 要注意缓解融资难题

在科创公司的发展中，从各方获取资本金实现快速发展是其绕不开的话题，在对接融资需求过程中，银行、风投、券商等金融机构发挥着重要作用。

在科技型、服务型和贸易型三类公司中,中国银行把科技型公司放在第一位。据中国银行上海市分行普惠金融事业部总经理梁丽霓介绍,近几年,中国银行为 2500 多家科技型公司,累计融资超过 250 亿元。作为"投贷联动"首批试点中唯一一家国有大型商业银行,中国银行先后做了 130 多场投贷联动会。

梁丽霓认为,在优化金融服务模式的过程中,存在一些难点。比如,对于科技型公司的轻资产和成长周期研究,银行不如投资公司专业。因此,需要政府、园区、高校、金融机构多方合力。

例如,在为高新公司提供个人服务时,可以着力引进人才、招商引资,把外商的科技型内容充实到中小公司当中。梁丽霓认为,通过这样的合力,中小公司有可能几何级地爆发能量。

目前,对于初创公司的需求,银行往往很难对接,相应的融资份额还很小。上海交大科技园有限公司总经理杜松宁认为,原因有二:一方面,从银行监管层面推动比较难,因为银行本身不是这个定位;另一方面,银行内部也需要有相应的安排及调整,否则没有实际的进展。

在中微半导体设备(上海)股份有限公司集团副总裁兼 CFO 陈伟文看来,银行对于科创公司采取较为谨慎的风格也有一定的道理。尽管随着形势的变化,银行内部做了一些制度上的改变,增加了灵活性;但本质不会变,即银行对接的往往是一些风控比较好的公司。作为社会稳定的基石,银行的定位决定了其不应该承担可能无法承担的风险。

(三)要注意借并购助力发展

办好科创公司,修炼好"内功"是首要任务。同时,科创公司的发展，不同阶段还会面临不同问题。杜松宁认为，IPO 和并购将成为解决问题的主要路径。

科创公司前期开拓方面需要注意规范问题，无论是股权融资还是来自银行方面的融资，都涉及规范的问题。杜松宁强调，"从公司本身来讲，如果想通过融资获得发展，一开始就要把规范做得非常好。但并不是所有的公司都有这样的意识"。

2019 年 12 月 9 日和 12 月 10 日，科创板上市公司华兴源创连续两天涨停，原因是该公司在 12 月 7 日公告称，将以 11.5 亿元收购欧立通的 100% 股权。

"这个例子说明，投行能为科创板上市公司做的事情之一，就是并购。"海通证券股份有限公司投资银行部董事总经理许灿提到一组数据，截至 2018 年年底，北京的高新技术公司约为 2.5 万家，上海的高新技术公司约为 1 万家。因此，不是所有的高新技术公司都能上市，有一部分公司会选择成为并购标的。

许灿认为，对于普通规模的科创公司，如果拥有核心技术，且和上市还有一定距离，可能会考虑通过并购去找一个好的买家。"事实上，并购者和并购标的各有一个优点有利于并购的推进。从并购者来看，具备对并购标的技术的识别能力；从并购标的来看，科创公司的优势在于，科技成果容易固化"。

"卖公司是要看时机的。面临发展瓶颈的核心技术公司，如果规模不是特别大，在需要资金的情况下，我认为是要去做并购的。这个时候，投行可以提供服务。"在许灿看来，投资银行的职责，就是发现价值、实现价值、创造价值，这不光是为公司，也是为市场，更是为社会。

参考美国的发展经验，很多创新公司拥有一定的技术和产品优势，但不能完全独立地做大做强。并购的存在，使更多的创新创业公司有机会成为大公司的一部分。

"并购为创新创业公司打开深层次的发展空间。"严弘认为，国内科创板刚推出不久，并购这部分工作才刚刚开始，还有很长的路要走。但可以预见的是，创新创业正沿着正确的方向发展，并具有广阔的空间。

(四) 要注意避开合规雷区

从公司内部来看，部分创新创业公司因为财务问题"倒"在上市路上。避开合规雷区，成为科创公司不可忽视的问题。

"合规方面，任何财务造假都无法容忍。"陈伟文强调，科创板并没有放松对公司财务方面的要求，甚至可能更严。具体来看，审核人员较为专业，针对公司的问题多达几十页，公司在回答过程中无法避重就轻。

陈伟文认为，公司需要重视财务报表及后续的审计工作，同时招股书都要有底稿。公司上市一定要选高质量的证券公司和审计师，后面做并购也一样，要找有相应资质的人去做。总的来说，要和不会允许蒙混过关的、审慎的第三方合作。

"如果说法制是最好的营商环境，合规就是科创公司最好的生态。"从法律人的角度，上海市律师协会副会长曹志龙认为，科创公司有三个"新"特征：

一是投资人比较新。这个群体大多是科学家和专家，不仅拥有高学历，还拥有很多知识产权。

二是财务比较新。和有固定资产的公司不同，科创公司的融资方式是依靠知识产权和商业秘密。

三是制度比较新。科创板的建设，就是进行观念创新。因此，打造科创板特有的合规体系，才是最核心的生产力。

科创公司在过会前、过会中和过会后，因为自身的风险和漏洞，会成为中小投资者乃至竞争对手猎捕的对象。对此，曹志龙针对性地提出以下三点建议。

过会前，要有两道清单思维。不光要考虑正面清单，即符合上交所的过会条件；还要考虑负面清单，对公司自身要做全面的筛选和普查。比如，境外人员的参与问题、管理层的问题、知识产权的瑕疵问题等。

过会中，如果遇到诉讼和行政处罚，影响将非常大，可能导致"闯关"中止。因此，公司需要作出合理性解释并且做好风险方面的安排。

过会后，做好信息义务的合规。过会后信息披露的关键，就是要真实、公平、公开。

因此，打造科创板特有的合规体系，才是最核心的生产力，关键在于四个方面：其一，做好制度安排，关键要和科创公司相关联；其二，要建立专门的合规组织，科创公司要加强自身的信息披露，进行内部合规；其三，要设立专门的合规委员会和合规人员；其四，要有非常明晰的职能，形成一个闭环。

后记

2019 年，中国资本市场推出了科创板并试点注册制；2020 年，注册制被安排全面推行，并被写入 3 月 1 日起生效的新《证券法》中。这既是对 2019 年资本市场改革的确认和肯定，也为 2020 年以及今后若干年改革开放和创新画出了明晰的路径。2020 年 6 月 12 日，中国证监会同时发布《创业板首次公开发行股票注册管理办法（试行）》《创业板上市公司证券发行注册管理办法（试行）》《创业板上市公司持续监管办法（试行）》和《证券发行上市保荐业务管理办法》四份文件，中国证监会、深圳证券交易所、中国证券登记结算有限公司、中国证券业协会发布相关配套规则，正式启动创业板改革和注册制试点。这个新年份，这个新股发行改革的关键年份，一开始就没有辜负市场的期待。

站在更宏观的视野看，这一系列政策的推出也是中国金融改革与创新的一部分。党的十八大确立了"深化金融体系改革，建立现代金融体系"的战略部署，这使得中国金融改革和创新的大跨步推进成为可能，"发展多层次资本市场，稳步推进利率和汇率市场化改革，逐步实现人民币资本项目可兑换"是题中应有之义。事实也正是如此，金融综合改革试验区从温州起步，然后遍布全国；互联网金融迎来了一波大发展；金融改革和创新在悄然中快速推进。这些举措的背后是支持实体经济发展、是经济的稳定持续增长。金融改革和创新，正成为 21 世纪第二个十年中国经济发展的主题词。

一、为什么策划"金融创新"系列丛书

金融改革和创新，是宏大的叙事主题，同时也是我们身边正在发生的事。比如，2019 年 7 月，我们发表过一篇题为《试点 5G 版"场景革命"，银行竞相上演变形记》的报道，作者是本书的副主编、国际金融报金融中心主任卫容之。这篇报道开篇提出一个问题，"银行是一个地方，还是一种行为？"在随后的铺陈里，记者向我们描述了从经典版的银行网点向搭乘 5G 快车后的变迁，"银行的物理存在，将如何被远程的人与网点的交互行为所替代"。报道所依据的部分基本事实是，2019 年 6 月 6 日 5G 商用牌照正式下发前后，国有银行争相推出 5G 概念的网点：5 月 31 日，中国银行宣布在北京推出首家 5G 网点；6 月 12 日，中国工商银行公告在苏州试验该行首家新型智慧网点；中国建设银行首批 3 家 5G 科技无人银行也于 7 月中旬在北京正式营业。

这样的金融创新，既是国家战略部署的具体落实，又是金融机构搭乘新科技的新变化，同时也会成为公民个人金融生活的一部分。金融创新在服务实体经济的同时，也改变着我们的生活，这也是我们在考虑这个问题时，不能离开实体经济发展和经济增长的原因。在学术的语境里，我们很清晰地知道，金融创新作为金融内涵和体制的自我革新，既包括金融技术创新，也包括制度革新。金融创新的本源，仍是要回归到服务实体经济，促进实体经济发展。金融创新能推动科技革命，促进实体经济发展，为支

柱产业提供流动性，拓展资源配置渠道；但与此同时，创新不当也会诱发经济危机。这也是我们当下在观照金融创新时，需要考虑的几个维度里，少不了"基于金融创新的监管创新"的原因。移动互联网、移动支付、智慧生物识别技术、人工智能等技术的进步，改变着我们的金融模式，我们在关注金融创新时，离不开这些技术进步带来的创新，当然，也离不开制度层面的创新。推出科创板并试行注册制、改革创业板并试点注册制，都是当前资本市场制度改革与创新的重要步骤和实践。

这些实践的重要性，自然不言而喻。作为人民日报社主管主办的权威财经金融媒体，《国际金融报》一向恪守"报道变革中国，守望金融世界"的办报理念，坚持守正创新，与时俱进，致力于推动中国经济市场化、法治化、国际化进程，致力于讲好中国财经故事，推动上海国际金融中心建设，致力于推动国内外金融经济的对话交流，融通世界，共建人类命运共同体。经过26年发展，《国际金融报》已成为包括报纸、网站、客户端、微信公众号等在内的全媒体平台，报道内容涉及国内外宏观经济、银行、证券、保险、期货、基金、互联网金融、上市公司、人物、评论等众多领域，早已从单一纸媒转型发展为具有重要影响力、公信力和权威性的专业财经全媒体。在我们的报道里，"金融创新"当仁不让是主题词，我们不仅持续关注着金融创新这个时代大课题，也愿意将我们的关注，通过图书出版的形式再做一次呈现。

我们希望通过这些呈现，真实记录中国金融改革与创新的进程，更好地促进金融创新发展，促进实体经济发展和中国经济增长，同时也更好地防范金融风险。也正是基于这样的考虑，我们决定推出国际金融报"金融创新"系列丛书，并成立了丛书的编

科创板入门与操作实务

辑委员会。

二、为什么选择从科创板开始

科创板的推出和注册制的试点，无疑具有破局意义。其改变了过去中国内地资本市场规则，这也是"改革创新'试验田'"和"中国的纳斯达克"等评价背后的深层次背景。而且这一试验是快速推进的，从2018年11月习近平总书记提出这个想法到2019年6月13日开板、7月22日正式开市，也就用了半年多时间。2019年，72家企业首发科创板，已超过同期的主板、中小板及创业板的总和67家，同期840.07亿元的募资规模也与1045.58亿元的主、中、创三板之和相差不多。无论是从速度还是意义，都有必要对科创板做一个深入的描述和分析，也有必要做一些科创板的知识性普及工作。这正是我们组建团队，将"金融创新"系列丛书的第一本，放在"科创板"这个题目的一点背景。

我们对科创板，是给予了充分关注的。作为一份权威的主流财经媒体，《国际金融报》一向在报道资本市场，尤其是资本市场改革和创新方面，从来不吝啬笔墨。资本市场的动态和变化，几乎就是我们报道的日常。毫不夸张地说，除了节假日，每天我们都有多篇资本市场相关的报道发出。在资本市场上，我们报道的信息和观点，也具有较大的影响力。从科创板这个想法被提出，我们就安排了专门的团队来报道进展。科创板推出后，我们的报道团队更是扩大了，我们除了有专门的部门负责证券市场报道外，2019年还组建了专门的IPO中心，来持续关注和报道。我们刊发了数百篇相关报道，不过遗憾的是，这些报道不具备系统性。

而我们之所以最终决定出版科创板相关图书，则是由于2019

236

年3月人民出版社编辑的约稿。当时，我第一反应是这是件有价值的事情，我们有一起合作做好这件事的必要，报社徐冲总编辑也很快同意了出版图书的这个想法，随后我们组建了由金融中心和IPO中心两个部门部分记者参与的写作团队。2019年6月中旬，双方签署了出版合同，我们也正式开始撰写《科创板入门与操作实务》一书。

我对我们的团队也给予了非常高的要求，希望能够将过去零散的写作内容经系统化、精细化加工后，重新呈现给读者。但我们很快就遇到了第一个考验，就是如何将平时报道中碎片化的内容进行系统化讲述，初稿交上来了，离我们的要求还有很大差距，只好打回去重新修改，这在之后的写作中发生过很多次。第二个考验则是，写作团队出现了两次人员调整，写作速度放慢，后来经协调，写作团队重新稳定了下来。我们这个团队相对年轻，从业时间也不长，虽然都是经济、金融或新闻的科班出身，但在驾驭大型选题时仍显得有些经验不足。所幸的是，他们付出了足够的努力，在繁忙的日常采访报道间隙抽空写作，搜集素材，勤奋采访写作，书稿一次比一次好、一次比一次完善。也正是本着这样的精神，我们的团队完成了书稿的写作。再次向他们表示感谢。

三、本书我们做了哪些工作

我们想做的是科创板知识的普及。所以我们在设置这本书的框架时，确定了"基础篇""投资者篇"和"企业篇"三大篇目，分别下设多个章节。我们希望这样的安排既能照顾到基础知识的普及，又能照顾到实践的价值。其中"基础篇"的第一、二、三章由朱灯花执笔，部分内容刘新余亦有贡献；"投资者篇"的第

四、五、六章由王媛媛执笔，部分内容朱灯花、刘新余亦有贡献；"企业篇"的第七、八、九章由邹煦晨执笔，"结语"中部分内容由王媛媛执笔。全书同时也参阅和引用了《国际金融报》的若干篇相关报道，这里向为本书作出贡献的同事们表示感谢。

此外，特别值得感谢的是，本书在撰写和出版过程中，还得到了天能集团的大力支持。作为2007年即登陆香港联交所主板的上市公司，天能集团很好地诠释了科技创新、绿色可持续发展的逻辑。在此向这家中国本土的坚持走"以人为本、科技兴企"之路的动力电池生产商表达我们的敬意。

我们非常期待读者能够给我们提出更多的意见和建议，以便我们更好地总结经验教训，圆满完成"金融创新"系列丛书。再次向关注本书的读者，以及为本书出版付出过辛劳的各界朋友们表示感谢！你们的关注和支持，将是我们继续前行的动力！

许 凯

2020 年 7 月 13 日

策划编辑：李甜甜

封面设计：胡欣欣

责任校对：段雨菲

图书在版编目(CIP)数据

科创板入门与操作实务 / 国际金融报编. －北京：人民出版社，2020.9

ISBN 978-7-01-022400-8

Ⅰ.①科 … Ⅱ.①国… Ⅲ.①创业板市场－上市公司－研究－中国

　Ⅳ. ①F279.246

中国版本图书馆 CIP 数据核字(2020)第 145978 号

科创板入门与操作实务

KECHUANGBAN RUMEN YU CAOZUO SHIWU

国际金融报 编

许 凯 主编

卫容之 傅光云 副主编

人民出版社 出版发行

(100706 北京市东城区隆福寺街 99 号)

环球东方（北京）印务有限公司印刷 新华书店经销

2020 年 9 月第 1 版 2020 年 9 月北京第 1 次印刷

开本：710 毫米×1000 毫米 1/16 印张：15.5

字数：174 千字

ISBN 978-7-01-022400-8 定价：52.00 元

邮购地址 100706 北京市东城区隆福寺街 99 号

人民东方图书销售中心 电话 (010)65250042 65289539